刊行のご挨拶

筑波大学大学院人間総合科学研究科教授
筑波大学特別支援教育研究センター長　安藤　隆男
（前　筑波大学附属桐が丘特別支援学校長）

　平成21年12月、障がい者制度改革推進本部（本部長 内閣総理大臣）は、障害者施策の推進に関する事項の意見を求めるため、障がい者制度改革推進会議の開催を決定しました。本会議では障がい者を取り巻く諸課題について集中的な議論が交わされ、教育に関してはとりわけ特別支援学校が焦点化され、その在り方をきびしく問うこととなりました。

　顧みれば、戦後の特殊教育は多様な障害の種別、程度にある子どもの学習権の保障を優先課題として制度設計されました。養護学校の設置促進と義務制実施はその象徴といえます。しかし、1980年前後の国際動向は、障害者が地域で当たり前の市民として生活し、学習するという考え方に転換されました。養護学校教育義務制は、多様な障害がある子どもの学ぶ場の保障として意味づけられる一方、分離の強化として非難されるところともなりました。

　特別支援教育の要諦は、全ての学校をその担い手であると定義したことにあります。各学校は障害がある子どもの多様なニーズを把握し、これに基づく授業計画の立案と実施、そして評価を一体化させることが強く求められるのです。特別支援教育では、教育の場をどこに求めるのかだけではなく、生涯を通して地域社会において生活し、学ぶための確かな生きる力を子どもに身につけさせることに重きが置かれます。その中で特別支援学校は、培ってきた専門性に基づき特別支援教育のセンター的機能を付与されたのです。

　このように整理すると、特別支援学校は眼前の子どもの教育的な対応を行えば良いということにはなりません。障害の種別や程度を超えた知見、すなわち個別の教育的ニーズの把握とこれに基づく授業のデザイン、実施、評価・改善のプロセスを明確化する『方法の知』の生成と発信が重要になります。

　筑波大学附属桐が丘特別支援学校は、近年の脳室周囲白質軟化症PVLに代表される脳性まひの特性に着目し、教科指導の在り方を考究して参りました。本書は、本校の実践研究の成果の一部をまとめたものであり、特別支援学校における肢体不自由者のみならず、LD等の教科指導においても一定の知見を提供するものと考えております。小・中学校の通常学級などで学ぶニーズのある子どもの教科指導を充実する一助となれば望外の喜びであります。

　最後になりますが、文部科学省特別支援教育調査官の下山直人先生、国立特別支援教育総合研究所の長沼俊夫先生、心身障害児総合医療療育センターの米山明先生、前附属久里浜特別支援学校長の西川公司先生には、懇篤なご指導を賜りました。心より感謝申し上げます。なお、本年度より本校校長に川間健之介教授が着任しました。研究の更なる充実を期待しております。

2011（平成23）年8月1日

目次

刊行のご挨拶

肢体不自由のある子どもへ教科の指導を行うために………………………………………6
本書の使い方………………………………………………………………………………12

国語

国語であらわれる学習上の困難①「音読・黙読、書字・書写」編……………………14
 単元01　平仮名・片仮名・漢字（小学部1年）
国語であらわれる学習上の困難②「話す・聞く」編……………………………………18
 単元02　身近な話題を取り上げて、物事をいろいろな角度から考え話し合ってみよう
  （小学部5、6年）
国語であらわれる学習上の困難③「読む」編……………………………………………22
 単元03　これってなんのこと？　まよいねこをさがせ（小学部1、2年）
 単元04　説明文を読む（小学部1年）
 単元05　小説文を読む「ごんぎつね」から（小学部4年）
 単元06　説明文を読む（中学部1年）
 単元07　小説文を読む（中学部2年）
 単元08　詩歌を読む（中学部1年）
 単元09　古文を読むために文語文法の基礎基本を学ぶ（高等部1年）
国語であらわれる学習上の困難④「書く」編……………………………………………38
 単元10　手紙を書こう（小学部5年）
 単元11　作文を書く（中学部2年）
 単元12　文章を綴る―意見文、論説文の作成に向けて―（中・高等部）

コラム1　介助について………………………………………………………………………46
コラム2　大きな天板の机の利用について…………………………………………………47

算数・数学

算数・数学であらわれる学習上の困難①「図形」編……………………………………48
 単元01　かたち（小学部1年）
 単元02　箱の形（小学部2年）
 単元03　図形（小学部4年）
 単元04　平面図形（中学部1年）
算数・数学であらわれる学習上の困難②「数概念」編…………………………………58
 単元05　10までのかず（小学部1年）
 単元06　分数のたし算・ひき算（小学部4年）
算数・数学であらわれる学習上の困難③「計算」編……………………………………64
 単元07　くりあがりのあるたしざん・ひきざん（小学部1年）

単元08　2けたのかけざん（小学部3年）
　　　単元09　連立方程式（中学部2年）
　算数・数学であらわれる学習上の困難④「量概念」編……………………72
　　　単元10　長さくらべ（小学部1年）
　　　単元11　角（小学部3年）
　　　単元12　面積の広さ（小学部4年）
　算数・数学であらわれる学習上の困難⑤「表・グラフ」編……………80
　　　単元13　なんばんめ（小学部1年）
　　　単元14　表とグラフ（小学部4年）
　　　単元15　2次関数の最大・最小（高等部1年）

　コラム3　活動の目的に応じた移動手段の選択（移動方法の選択）について…………88

社会

　社会であらわれる学習上の困難「資料活用」編……………………90
　　　単元01　わたしたちの県の様子（小学部4年）
　　　単元02　わたしたちの県の様子（小学部4年）
　　　単元03　世界の国々を調べよう（中学部2年）
　　　単元04　世界史の扉（高等部1年　世界史A）
　　　単元05　市場経済の仕組みと限界（高等部3年　現代社会）

理科

　理科であらわれる学習上の困難①「実験」編……………………102
　　　単元01　電流回路（中学部2年）
　　　単元02　物体の運動（中学部3年）
　理科であらわれる学習上の困難②「図の把握と作成」編……………108
　　　単元03　こん虫を調べよう（小学部3年）
　　　単元04　いろいろな力の世界（中学部1年）
　　　単元05　化学変化―化学変化を記号で表そう―（中学部2年）
　　　単元06　天気とその変化―温帯低気圧と前線―（中学部2年）
　　　単元07　月の動きと見え方（中学部3年）

英語
英語であらわれる学習上の困難① 「入門期」編 …………………………………… 120
　単元01　アルファベットを読む（中学部1年）
　単元02　アルファベットを書く（中学部1年）
　単元03　単語を覚える（中学部1年）
　単元04　英単語を書く（中学部1年）
英語であらわれる学習上の困難② 「文法」編 ………………………………………… 130
　単元05　代名詞を使ってみよう（中学部1年）

コラム4　文字や図表の拡大について ……………………………………………………… 134
コラム5　白黒反転定規と分度器について ……………………………………………… 135

図画工作・美術
図画工作・美術科であらわれる学習上の困難① 「表現」編 ………………………… 136
　単元01　夏休みの思い出（小学部3年）
　単元02　ガラス de アニマル─陶芸用粘土・ガラス・釉薬を使い半立体的な絵を描く─
　　　　　（中学部1年）
　単元03　粘土で巻貝をつくる（高等部1年）
図画工作・美術科であらわれる学習上の困難② 「用具や材料の扱い」編 ………… 144
　単元04　みんなのビッグスター（小学部3年）

音楽
音楽科であらわれる学習上の困難① 「歌唱」編 ……………………………………… 148
　単元01　情景をイメージしながら歌おう（小学部低学年）
音楽科であらわれる学習上の困難② 「器楽・読譜」編 ……………………………… 152
　単元02　美しいハーモニーを感じながら合奏しよう（小学部高学年）
　単元03　郷土の民謡『八木節』を合奏しよう（中学部1年）
　単元04　リズムにのって【歌唱・器楽・読譜共通】（小学部低学年）
　単元05　音を奏でる楽しさを感じ、表現しよう～主体的な表現の工夫を目指して～
　　　　　【歌唱・器楽・読譜共通】（小学部高学年）

技術・家庭
技術・家庭科であらわれる学習上の困難① 「構成・構想」編 ……………………… 162
　単元01　構想を表す─立体定規で幅、高さ、奥行きをとらえる─（中学部1年）
　単元02　衣服の構成と製作（高等部3年）

技術・家庭科であらわれる学習上の困難② 「道具を使う」編……………………………168
  単元03 調理実習（小・中・高等部）
  単元04 ミシンを使う（小・中・高等部）

保健体育

保健体育科であらわれる学習上の困難① 「ゲーム・ボール運動・球技」編………………174
  単元01 ラインサッカー（小学部3・4年生）
  単元02 風船バレー（中学部1年生）
保健体育科であらわれる学習上の困難② 「陸上運動系、陸上競技」編…………………180
  単元03 リレー（中学部1年）
  単元04 ソフトボール投げ、ビーンバック投げ（高等部1年）
保健体育科であらわれる学習上の困難③ 「水泳」編………………………………………186
  単元05 水泳（小学部3年）

肢体不自由のある子どもの学びを支援する教材・教具の提案

  カメラリモコン………………………………………………………………………190
  どこでもクリップボード……………………………………………………………191
  片手用はさみ（ベース付き）………………………………………………………192
  ふわふわ粘土…………………………………………………………………………193
  重さ比べ教材…………………………………………………………………………194
  鍵盤吹奏笛「アンデス25F」………………………………………………………195
  足踏み式自転車………………………………………………………………………196
  並列透明筆洗いバケツ………………………………………………………………197
  ハンディアイロン……………………………………………………………………198
  IHクッキングヒーター………………………………………………………………199
  音声ペン（スピークン）……………………………………………………………200
  ラケットを使った種目の導入段階で使用する教具………………………………201

脳性まひ児の読み方の傾向とそれを踏まえたワークシート等の工夫……………………202

用語解説…………………………………………………………………………………………208

コラム6「学校で他の子どもたちとうまく遊べない」ということについて……………210

終わりに
執筆協力者一覧

肢体不自由のある子どもへ教科の指導を行うために

1　はじめに

　肢体不自由のある子どもたちに学習上の困難をもたらす障害の種類や程度は多岐に渡ります。そのため、障害特性を一概に述べることはできず、一人一人を見つめながら、それぞれの障害が教科の学習にどのような影響をもたらすのかについて把握し、指導の工夫を検討する必要があります。

　筑波大学附属桐が丘特別支援学校（以下、当校）では、これまで、特別支援学校に在籍する肢体不自由児の多くを占める、脳性まひの子どもたちを対象に、その障害特性に対する指導の工夫について、実践研究を展開してきました。

2　脳性まひ児に見られる障害特性として

　当校では、脳性まひがある子どもの障害特性を大きく3つに分類してとらえました。

（1）動作の困難さなどがもたらす難しさ

　上肢の障害、下肢の障害、体幹を保持することの困難、言語障害などがあります。教科学習では、特に上肢操作の困難さが多くの教科に影響します。動かしたいと思う部分（筋肉）以外にも力が入り、スムーズに動かせない、意図していない動きが入り、思うように動かせない、力が弱く動かせる部分や範囲が少ない、まひがあって動かないなどから、文字を書くこと、教科書などをめくること、作業を行うことなど、事物の操作をともなう学習に難しさが見られます。また、こうした状況のため、取り組みに時間を要することも挙げられます。

　このほか、上肢操作以外がもたらす学習の難しさにおいても、学習に取り組むこと自体の困難とともに、取り組みに時間を要する様子が見られます。

（2）感覚や認知がもたらす難しさ

　（1）の動作の困難による特性に対し、視覚的に情報をとらえることが苦手という、周囲からは一見して気づかれにくい障害特性です。物事の全体像を把握したり、多くの情報や複数の情報を同時に処理したりといったことが苦

手であるために、事物を正しく見取ることや表現することがうまくできない、あるいは話題を簡潔にまとめられないなどが、現象として現れます。

　視覚情報を処理することの難しさについては、いくつかの要因が考えられます。まずは、斜視や眼震、視神経萎縮など、何らかの視機能の問題から生じている場合があります。また、図形などを把握するための位置関係や空間の把握、あるいはそれらの紙面などへの再構成といった、視覚認知の問題から生じている場合も考えることができます。子どもにより考えられる要因は異なるとともに、混在する様子も見られます。

　また、視覚情報を処理する以外にも、主題を的確におさえることや話題をまとめるといった、情報の関係性を再構成することの難しさが問題として見られます。このことは、話題の全体像をつかめず、部分的な理解にとどまることから、物事の概念を形成することの難しさにもつながる可能性があります。

　こうした事物や情報を構成することの難しさは、心理検査において、同時処理能力が低く、統合が苦手という傾向として現れます。

（3）経験や体験の不足がもたらす難しさ

　経験や体験が少ないことは、従前から肢体不自由児の学習を難しくする要因として挙げられてきました。このことは、特に小学校段階の指導内容に影響を及ぼしやすいと考えます。中でも、例え話が通じにくいことや、生活場面における実感が伴いにくく、活用する機会が乏しくなることなどから、学習内容の理解や定着がうまく図れないことがあります。また、興味・関心の幅の狭さや、時間を見通すといった周囲や環境との調整意識の乏しさ、受け身的な態度、自信のなさなどとしても表れます。

　経験・体験が不足する要因には、（1）の肢体不自由があるために、自分で直接的に行うことが難しい、いわば「未経験」という点だけではなく、（2）の感覚や認知の特性が影響し、的確に見取ることや内容をおさえることが苦手である点が挙げられます。学習場面において、経験・体験を補う際には、このことを見極め、単に経験・体験の機会を設けるのではなく、その子に必要な方略を検討するが求められると考えます。

3 障害特性を踏まえた手だて・配慮について

　本書では、各教科における手だてや配慮の具体例を紹介しますが、ここではその本質について述べます。

（1）肢体不自由がもたらす難しさに対して

主に見られる上肢操作の難しさには、次の方向性が考えられます。

ア　学習に取り組むための環境を整える

　上肢の操作性は、姿勢や操作する対象物の位置が大きく影響するため、上肢を使いやすい姿勢をとるための椅子や机や作業台などを整えます。また、道具や資料の出し入れがしやすいかごや荷物台などの用意も有効です。

イ　取り組みに時間を要することを前提にした学習の計画を立てる

　目標を重点化し、作業時間を確保するとともに、作業方法や道具、補助具などを工夫します。また、何もかもを子どもに行わせるのではなく、代筆や作業介助などを場面によって使い分けること、別の方法で代替することなども重要です。特に手指の動きなど巧緻性に困難がある場合には、これらの全てが関わってきます。

ウ　動作を精選する・代替する

　動作に時間がかかるということは、学習内容を反復することが難しく、学習内容の定着にも影響が出てくる可能性があります。そこで、ワークシートを使い、書字量や作図にかかる作業を精選する、暗記などに用いる単語帳・単語カードのようなものを用いて書字動作自体を省いて学習をする等の手段などを用います。また、視聴覚教材などを効果的に用いることにより、動作を省くことも有効です。

　また、動作を省くということは、単に時間を短縮させるということだけが目的ではありません。より重要なのは、子ども自身が思考するための時間を確保し、思考の流れを止めないことです。書字や作業などの上肢操作は時間がかかるだけでなく、大変な労力を消費しますが、例えば、筆算において、数字を桁の位置に合わせ、大きさを調整しながら書くことはとても難しい場合が少なくありません。これを行う間に、本来の目的である計算処理から意識が離れてしまい、何を考えていたのかわからなくなることがあります。動作の精選・代替の際は、このことをおさえる必要があると考えます。

（2）感覚や認知がもたらす難しさに対して

ア　見取る情報量の調整や形態や色の工夫、言語化、具体物操作

　視覚情報処理の困難や同時処理能力の落ち込みがある子どもの場合、どこを見れば良いのかがわかりにくい、図の理解や形の認識に時間を要することが多く見られます。この場合、子どもにとって見取りやすい図表などを用い、言葉を添えながら順序立てて説明を行うことや、注視点の明確化、色の使い分けが手だてとして考えられます。このほか、具体物を触ったり、操作しながら考えさせることなども効果があります。

イ　全体像の継次的な言語化、情報提示の順序化

　話題の全体像を把握したり、多くの情報や複数の情報を同時に処理したりすることが苦手な場合、必要な内容を順序立てて伝え、自ら全体像を組み立てさせることが必要です。そのためには、あらかじめ単元の目標や授業の目標を分析し、その下位にある目標や前提事項、取り組みを阻害する要因をおさえ、その子どもにとってわかりやすい、整理しやすい授業の進め方を考えていく必要があります。

（3）経験や体験の不足がもたらす難しさに対して

　体験不足を補ったり、実感やイメージを持たせたりするための指導時間の確保が必要ですが、重要なことは「未経験」によるものと、経験していることが身についていないこととを見極めることと考えます。例えば、家の回りの地図を作る場合、自力で移動する経験がないのと、自力で使っている道であってもその位置関係がとらえられないのとでは、その対処は大きく異なります。後者の場合、単に経験不足として、経験を繰り返したとしてもやはり経験として身につかないことが予想されます。

　そこで、特に後者の場合には、学習を難しくする背景をおさえ、子どもがイメージを持ちやすくする、おさえるべき情報を的確におさえやすくする、複数の情報を整理しやすくする手だてを検討した上で、他教科や領域における具体的な活動と関連させながら、体験機会を設定することがより良い学習を可能にするといえます。

これまでに挙げた3点の障害特性は、それぞれが独立しているのではなく、関連し合いながら現れる場合がほとんどです。また、その程度についても子どもによって異なるため、一人一人の障害の状態を把握することが指導の上では最も重要です。

4　自立活動と教科との関連について

　教科学習場面で見られる学習上の困難のうち、障害に起因するものは、単に繰り返し、丁寧に教えるだけでは越えられない場合が少なくありません。肢体不自由児に対する教科指導は、教科的な指導のみならず、障害に起因する学習上の困難に対しての指導があるものと考えます。そこで、自立活動との関連を意識した教科指導が求められます。

　ただし、教科指導の場面では、その目標及び内容を逸脱して自立活動の指導を行うのではなく、教科の目標を達成する上で自立活動との関連を意識し、指導の工夫を図ることが大切になります。

（1）自立活動の時間における指導との関連

　障害に起因する学習上・生活上の困難は、ある特定の要因によって引き起こされるのではなく、複数の要因が複雑に関連し合う場合がほとんどであることは上述の通りです。自立活動の時間における指導内容の選定は、困難の現象面に着目するのではなく、その背景にある要因を検討する必要があります。また、指導する上で、複数ある課題の関連性が吟味される必要があります。教科指導を担当する教員は、個別の指導計画を用いて、子どもの困難の背景にある要因を共通認識することが重要と考えます。その上で、時間における指導の内容を大まかにでも把握し、どのように教科指導に生かしていくかを考える必要があります。

　自立活動の指導は、時間における指導だけではなく、教科の指導場面においても生かされることで、より効果を発揮するといえます。

（2）教科指導場面における自立活動

　教育活動全体を通じて、つまり、教科場面で行われる自立活動は、次のように考えることができます。

ア　障害に起因する学習上の困難に対する手だてを、障害特性に応じた自らの学習方法として獲得させていくこと

イ　学習上必要な配慮などを児童生徒自身その必要性を認識させること

　　教員は教科の指導目標を達成するための様々な手だてや配慮を図っています。しかし、教員が常に先回りをするだけでは、その手だてや配慮の必要性、自らの苦手分野などを意識できません。手だて・配慮が用意されている状況では支障なく学習できますが、それらが用意されない場面では学習に取り組めなくなってしまう可能性が生じます。単に手だてや配慮を図るだけでは、たとえ指導目標を達成したとしても、その場限りの指導でしかありません。手だて・配慮を行い、学習に取り組みやすい環境を整えることは非常に重要ですが、同時に自分の障害による特性や苦手な内容を知り、それに対する対処の方法「どうしたら自分自身が学習しやすくなるのか」について、子どもたち自身が知ることこそ重要です。さらに、自ら理解して取り組み、教員側から行う手だてや配慮を減少させていく方向性を持つことも必要と考えます。

　　自らの苦手分野を知り、自分にとってより良い学習方法を身につけるための指導は、まさしく自立活動の視点であり、各教科の指導で扱われるべき自立活動の指導内容ともいえます。

　　こうした指導を行うためには、教科の指導を行う教員が教科の専門性だけでなく、子どもの障害の状態や特性を把握する専門性が必要となります。そのためにも、複数の教員で個別の指導計画を作成し、実態をより多くの面から把握し、「困難の背景にある要因」をおさえた指導方法を、教員間で共通理解することが大切です。

（加藤　隆芳　齋藤　豊）

本書の使い方

　本書は、小学校から高等学校における9つの教科で構成されています。はじめに小学部、中学部、高等部の教科担当者が検討を重ね、脳性まひ児の、①　学習の難しさがよくあらわれる場面や分野　を絞り込みました。それらを［○○科であらわれる学習上の困難「□□」編］と表記して各教科の【場面・分野における概要】を整理しました。

　見開き2ページには、学習の難しさが見られる場面・分野の、②　子どもの具体的な様子　を挙げ、その様子が生じる　③　考えられる背景　を探り、それに対して有効だと考えられる　④　手だての方向性（例）　を示しています。

【場面・分野における概要】

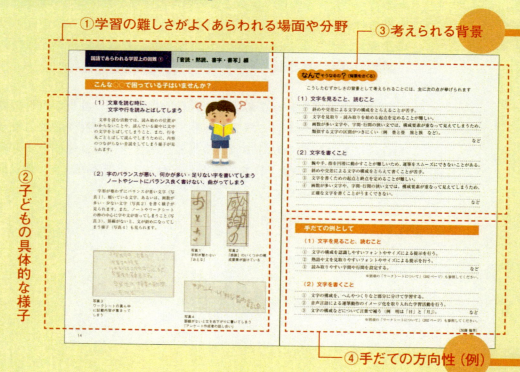

そして次ページ【指導例】では、学習上の困難が生じることが多い ⑤ 具体的な学年と単元 の一例を示し、それぞれの場面で顕著に表れている ⑥ 背景 と ⑦ 手だての方向性（例） を整理し、そこから具体的な手だてを構築して、⑧ 実践した指導例と手だてのポイント を紹介しています。各事例は見開き2ページの形式としています。

【場面・分野における概要】③ ④ は、それぞれ【指導例】⑥ ⑦ に対応しており【指導例】ではより具体的な背景と手だての方向性を示しています。

指導をしている子どもを目の前にして、「こんな時はどうすれば良いのだろう？」と思った時は、目次から教科とその状況に近い場面を探してご活用ください。

【指導例】

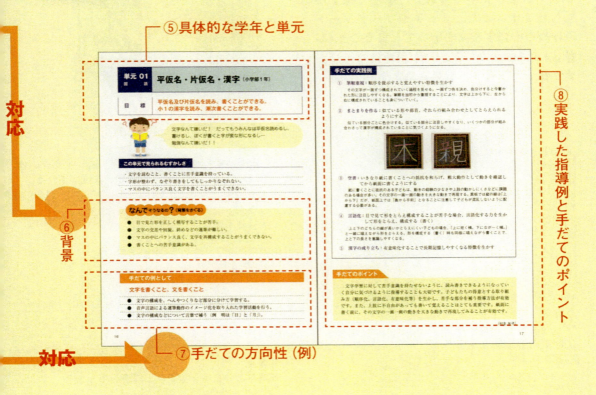

国語であらわれる学習上の困難 ①　「音読・黙読、書字・書写」編

こんな○○で困っている子はいませんか？

（1）文章を読む時に、文字や行を読みとばしてしまう

文章を読む活動では、読み始めの位置がわからないことや、読んでいる最中に文中の文字をとばしてしまうこと、また、行を丸ごととばして読んでしまうために、内容のつながらない音読をしてしまう様子が見られます。

（2）字のバランスが悪い、何かが多い・足りない字を書いてしまう　ノートやシートにバランス良く書けない、曲がってしまう

字形が整わずにバランスが悪い文字（写真1）、傾いている文字、あるいは、画数が多い・少ない文字（写真2）を書く様子が見られます。また、ノートやワークシートの枠の中心に字や文が寄ってしまうこと（写真3）、罫線がないと、文が斜めになってしまう様子（写真4）も見られます。

写真1
字形が整わない
「おとな」

写真2
「感謝」のいくつかの構成要素が抜けている

写真3
ワークシートの真ん中に記載内容が集まってしまう

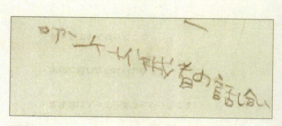

写真4
罫線がないと文を右下がりに書いてしまう
「アンケート作成者の話し合い」

なんでそうなるの？（背景をさぐる）

こうしたむずかしさの背景として考えられることには、主に次の点が挙げられます

（1）文字を見ること、読むこと

① 斜めや交差による文字の構成をとらえることが苦手。
② 文字を見取り・読み取りを始める起点を定めることが難しい。
③ 画数が多い文字や、字間・行間の狭い文では、構成要素が重なって見えてしまうため、類似する文字の区別がつきにくい（例　豊と畳　旅と族　など）。

など

（2）文字を書くこと

① 腕や手、指を円滑に動かすことが難しいため、運筆をスムーズにできないことがある。
② 斜めや交差による文字の構成をとらえて書くことが苦手。
③ 文字を書くための起点と終点を定めることが難しい。
④ 画数が多い文字や、字間・行間の狭い文では、構成要素が重なって見えてしまうため、正確な文字を書くことがうまくできない。

など

手だての例として

（1）文字を見ること、読むこと

① 文字の構成を認識しやすいフォントやサイズによる提示を行う。
② 熟語や文を見取りやすいフォントやサイズによる提示を行う。
③ 読み取りやすい字間や行間を設定する。

など

※別項の「ワークシートについて」（202ページ）も参照してください。

（2）文字を書くこと

① 文字の構成を、へんやつくりなど部分に分けて学習する。
② 音声言語による運筆動作のイメージ化を取り入れた学習活動を行う。
③ 文字の構成などについて言葉で補う（例　明は「日」と「月」）。

など

※別項の「ワークシートについて」（202ページ）も参照してください。

（加藤　隆芳）

単元 01 国語　平仮名・片仮名・漢字（小学部1年）

目標	平仮名及び片仮名を読み、書くことができる。 小1の漢字を読み、漸次書くことができる。

文字なんて嫌いだ！　だってもうみんなは平仮名読めるし、書けるし、ぼくが書くと字が変な形になるし…勉強なんて嫌いだ！！

この単元で見られるむずかしさ

- 文字を読むこと、書くことに苦手意識を持っている。
- 字形が整わず、なぞり書きをしてもしっかりなぞれない。
- マスの中にバランス良く文字を書くことがうまくできない。

なんでそうなるの？（背景をさぐる）

- 目で見た形を正しく模写することが苦手。
- 文字の交差や回旋、斜めなどの運筆が難しい。
- マスの中にバランス良く、文字を再構成することがうまくできない。
- 書くことへの苦手意識がある。

手だての例として

文字を書くこと、文を書くこと

- 文字の構成を、へんやつくりなど部分に分けて学習する。
- 音声言語による運筆動作のイメージ化を取り入れた学習活動を行う。
- 文字の構成などについて言葉で補う（例　明は「日」と「月」）。

手だての実践例

① **筆順重視**：順序を提示すると覚えやすい特徴を生かす

　その文字が一画ずつ構成されていく過程を見せる。一画ずつ色を決め、色分けすると今書かれた形に注目しやすくなる。筆順を当初から重視することにより、文字は上から下に、左から右に構成されていることも身についていく。

② **まとまりを作る**：似ている形や部首、それらの組み合わせとしてとらえられるようにする

　似ている部分ごとに色分けする。似ている部分に注目しやすくなり、いくつかの部分が組み合わさって漢字が構成されていることに気づくようになる。

③ **空書**：いきなり紙に書くことへの抵抗を和らげ、粗大動作として動きを確認してから紙面に書くようにする

　紙に書くことに抵抗のある子どもは、動きの経験の少なさや上肢の動かしにくさなどに課題のある場合が多い。その文字の一画一画の動きを大きな動きで再現する。黒板では縦の線は「上から下」だが、紙面上では「奥から手前」となることに注意して子どもが混乱しないように配慮する必要がある。

④ **言語化**：目で見て形をとらえ構成することが苦手な場合、言語化する力を生かして形をとらえ、構成する（書く）

　上と下のどちらの線が長いかとらえにくい子どもの場合、「上に短く横。下になが～く横。」と一緒に唱えながら形をとらえる。形を構成する（書く）時も同様に唱えながら書くことで、上と下の長さを意識しやすくなる。

⑤ **漢字の成り立ち**：有意味化することで長期記憶しやすくなる特徴を生かす

手だてのポイント

　文字学習に対して苦手意識を持たせないように、読み書きできるようになっていく自分に気づけるように指導することも大切です。子どもたちの得意とする取り組み方（順序化、言語化、有意味化等）を生かし、苦手な部分を補う指導方法が有効です。また、上肢に不自由があっても書いて覚えることはとても重要です。紙面に書く前に、その文字の一画一画の動きを大きな動きで再現してみることが有効です。

（村主 光子）

国語であらわれる学習上の困難 ②　「話す・聞く」編

こんな○○で困っている子はいませんか？

（１）何を言いたいのかがわかりにくい。話題の焦点が定まらない

相手に何を述べたいのかがわかりにくい、あるいは、主旨に至るまでの過程の全てを順番通りに話すために、話が長くなる様子が見られます。

このようなことから、話し合いの場面では、話し手自身が述べたいことをわからなくなってしまいます。それに対し、聞き手も何の話なのか、あるいは、何について話し合えば良いのかわからなくなって、話し合いの焦点が定まらずに終わることがあります。

（２）部分的なところだけに着目する。話題の意味を取り違えている。主旨と違う方向に話がそれる

話し手が主旨の一部分だけを取り出して述べることがあります。これに対し聞き手は、話し手の話題の一部分や一定の語句だけに着目して聞いている場合があります。

また、話し手と聞き手の双方に見られることとして、扱う言葉の意味を主旨と関係のない意味でとらえてしまい、話の主旨がそれる様子も見られます。

（３）事実を列挙するだけで、それを述べる理由や根拠がない

自分が述べたい内容に関する事実だけを、「それから……」や「そして……」を何度も用いながら列挙するので、なぜそれを述べるのか、誰に対して述べたいのかがわかりにくいということが見られます。

なんでそうなるの？（背景をさぐる）

こうしたむずかしさの背景として考えられることには、主に次の点が挙げられます。

話すという行為では、自分が述べたいことの概要がわかること、自分と聞き手との話題を介した関係を理解して内容を組み立てる必要があります。

（１）話し手

① 述べたい内容について、必要な情報だけを拾い上げることが苦手。
② 拾い上げた事項を話しながら覚えていることが難しい。
③ 拾い上げた複数の事項のつながりや因果関係を頭の中で整理しながら、話題の全体像を構築することがうまくいかない。

など

（2）聞き手

　聞くことは、情報の明確な理解と、複数の情報の関係や自分が有する知識との関係を聞きながら分析・整理する行為です。

① 聞き取った言葉の意味の理解が十分でなかったり、一義的であるため、話し手と聞き手の間にねじれが生じる。
② 聞き取った複数の事項についてのつながりや因果関係を頭の中で整理しながら、話題の全体像を構築することがうまくいかない。

　　　　　　　　　　　　　　　　　　　　　　　　　　　　　　　　　　　　　　など

手だての例として

　まずは、話し合いの基本的な順序を決めてから、以下のことを話し手と聞き手それぞれに考えさせる必要があります。

（1）話し手

　何を述べるのか（結論）を明確にする学習を行う必要があります。これには事実や意見とその理由・根拠、背景等を分ける力が求められます。

① 話題を「事実」「意見」「理由」「根拠」などの要素に分けて考えさせる。
② ①の事項について、考える順序性を重視したメモやノート、ワークシートなどを用い、記憶や思考の手順を補助する。

　　　　　　　　　　　　　　　　　　　　　　　　　　　　　　　　　　　　　　など

（2）聞き手

　話し手が述べる結論（事実と意見）と理由・根拠、背景等を分けて聞くことが必要であり、これを明確にした上で話し合いができるようになります。

① 相手の話を「事実」「意見」「理由」「根拠」などの要素に分けて考えさせる。
② 話における主題をとらえるための大事な言葉を見いだす。
③ 大事な言葉について、話題に沿った意味の確認をさせる。
④ ①〜③の事項について、考える順序性を重視したメモやノート、ワークシートなどを用い、記憶や思考の手順を補助する。

　　　　　　　　　　　　　　　　　　　　　　　　　　　　　　　　　　　　　　など

　こうした手だて・配慮を用いた学習を行うためには、話題の中心に関わる情報を共有することが必要と考えます。「読む・書く」や、他の教科領域と連携しながら手だてを考えることも念頭に置きます。

（加藤　隆芳）

単元 02 国語　身近な話題を取り上げて、物事をいろいろな角度から考え話し合ってみよう （小学部5、6年）

目標
双方の視点から物事をとらえて自分の考えを書く。
自分の意見とその根拠となる事実を明確にし、
自分の立場をはっきりさせながら述べる。

「良い」「悪い」だけじゃだめなの？
言いたいことはあるけど、何て言ったらいいのかな。
何から言えばいいのかわからなくなって、
頭の中がごちゃごちゃしてきちゃった。

この単元で見られるむずかしさ

・自分の意見とその根拠となる事実を混同してしまう。
・伝えたいことを整理して、話したり書いたりすることがうまくできない。
・自分の意見と友達の意見とを比較しながら話し合うことがうまくいかない。

なんでそうなるの？（背景をさぐる）

- 述べたい内容について、必要な情報だけを拾い上げることが難しい。
- 拾い上げた事項を、話しながら覚えていることが苦手。
- 拾い上げた複数の事項のつながりや因果関係を、頭の中で整理しながら話題の全体像を構築することが難しい。

手だての例として

　話し合うという行為は、話し手と聞き手との相互関係で成り立っています。事実や意見、それらを示す理由や根拠を明らかにさせて、自分の立場をはっきりさせることは、同時に聞き手への手だてになると考えます。そうすることで、おのずと自分の考えをしっかりと持ち、自分の立場を明確にさせることができます。

手だての実践例

子どもの中には、「インスタント食品＝悪いもの」と連想ゲームのように、いったん意味付けをすると、それ以外は考えられなくなってしまうことがあります。そこで今単元では、「給食に使われるインスタント食品について話し合ってみよう」という、子どもたちにとって身近な話題を設定します。そして、給食で使われるインスタント食品を調べ、インスタント食品について良い点を発見させます。自分の立場をはっきりさせた上で意見を述べることで、インスタント食品を双方の視点から考えられるようにします。

① 自分で集めたインスタント食品の情報について、良い点には○、問題点には×を付けて情報を整理する（図１）。
② ①を基に『だから・ので』というつなぎ言葉を意識させ、どんな根拠を持ってインスタント食品を良い、あるいは問題があるとしたのか明確に区別して書く。
③ 自分の意見の述べ方を以下のように順序化する。
　a　自分の主張である意見
　b　なぜそう思ったのかという理由や根拠

このときに「なぜかというと、……からです。」と、聞き手に対して理由や根拠をわかりやすく伝える工夫をさせることも大切です（図２）。

＜栄養士の先生にインタビューすること＞

◇ インスタント食品をなぜ使い始めたのですか
◇ 給食で使われるインスタント食品は何が使われていますか

● 答えてもらったこと

○　150 人分もの給食を３人で作るから
○　インスタント食品は時間を短縮できる
○　カレーのルー、だし、インゲンがよく使われる
×　栄養価が生野菜より低い
○　筑前煮は、インスタントのインゲンを使う
○　肉団子スープには、粉末のコンソメを使う
×　安全性は生野菜より低い

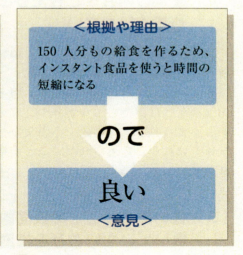

図１
自分で集めた情報に○×を付ける

図２
カードを使って、根拠と意見を明確に分けて整理する

手だてのポイント

物事をいろいろな角度からとらえやすくするためには、日常生活で頻繁に接する話題を取り上げることが重要です。また、理由や根拠をわかりやすくさせるために、つなぎ言葉を使うことも効果的です。

（金子 幸恵）

国語であらわれる学習上の困難 ③　「読む」編

こんな○○で困っている子はいませんか？

（1）文末を読まない。またはあいまいに読んでしまう

視力などに問題がなくても、文末を正確に読まなかったり、とばして読んでしまうことがあります。この傾向は音読・黙読のどちらにも見られます。文末を読まないことで、述部や段落のつながりがとらえられないなど、内容理解に関して大きな影響があります。

（2）音読や部分的に読むことはできるが、全体の内容をとらえることがうまくいかない

音読が問題なくでき、部分的な内容は理解できていても、全体の内容を問うと理解できていない場合が見られます。例えば説明文などでは段落のつながりや文章の構造がとらえられない、物語や小説文などでは全体の流れがとらえられないことが挙げられます。

（3）書いてあることの表面的な意味のみを理解してしまい、書いていないことを推測できずに内容理解を図ってしまう

物語や小説は、書いてある言葉がそのままの意味ではない場合があります。まず書いてあることを正確に読み取り、次に全体の流れから書かれていない作者の意図を読み取ったり、伏線や因果関係などを推測していきます。文章を音読したり、読んでいく力があっても、書いてあることを部分的に考え、そのまま解釈してしまい、流れや伏線、因果関係をくみ取れずに、作者の意図を理解できないことがあります。

なんでそうなるの？（背景をさくる）

こうしたむずかしさの背景として考えられることには、主に次の点が挙げられます。

全体の内容がとらえられないことの理由は、以下のように書き言葉の理解に必要とされる複数条件を一度に処理することや抽象的な概念としてとらえること、記憶にとどめて読んでいくことなどの難しさが、「読む」から「思考」の過程で問題となっていることが考えられます。

① 複数の条件を処理していくことが苦手。
② 前後の関係をとらえて、整理していくことが苦手。
③ 部分のみではなく、全体の内容や流れをとらえて読んでいくことがうまくできない。
④ 推測していくために必要な情報を文中から見つけることが難しい。
⑤ 経験や体験の不足から具体的なイメージが浮かばない。
⑥ 音読に頼りすぎて読んでしまうため、情報の整理や全体の理解がしにくい。
⑦ 長い文章を記憶にとどめて読み進めていくことが苦手。
⑧ 細かく読みすぎて、情報が多くなってしまう。

など

手だての例として

① 本文の分割提示を行う。
② 大事な言葉を抜き出す練習を行う。
③ 読み方をある程度パターン化する。
④ 指示語・接続語・文末や述部などを手がかりに前後関係に注意して読む。
⑤ 音読やロールプレイングなど、話し言葉や具体物から理解を促す。
⑥ 順序性を重視した流れ図やカードを用い、記憶や思考の補助として用いる。

など

こうした手だて・配慮を用いた学習を行うためには、発達の段階を踏まえ、学習の系統性を考えていくことが大切です。特に、話し言葉から書き言葉への移行については、音読や順序性を用いた指導を段階的に行うことも必要です。

（岡部 盛篤）

単元 03 国語　これってなんのこと？まよいねこをさがせ　（小学部1、2年）

目標　複数の言葉を統合し、他の言葉や絵に置き換えて考えることで、説明されている事柄を、叙述と結び付けて想像しながら読み取ることができるようにする。

「チビは、ピンクの首わをしていて、しっぽがみじかくて、白と黒の色をしたねこです。」って書いてあるけど、それってどんなねこなのかなぁ。
字は読めるんだけど、イメージができないんだ。

この単元で見られるむずかしさ

・複数の項目を総合して一つの絵や言葉に言い換えたり表したりすることがうまくできない。
・語と語の関係を理解することが苦手。
・説明されていることの具体的なイメージが浮かびにくい。

なんでそうなるの？（背景をさくる）

● 複数の条件を処理していくことが苦手。
● 前後の関係をとらえて、整理していくことが苦手。
● 部分のみではなく、全体の内容や流れをとらえて読んでいくことがうまくできない。

手だての例として

● 本文の分割提示を行う。
● 大事な言葉を抜き出す練習を行う。
● 読み方をある程度パターン化する。

手だての実践例

なぞなぞや仲間集め、絵さがしなどの言葉遊びを通して、複数の言葉を統合し、説明されている事柄を叙述と結び付けて想像しながら読み取る練習を重ねます。

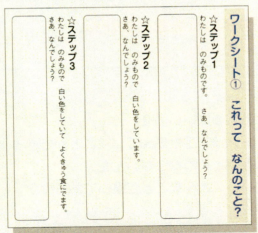

なぞなぞ（大きな条件から小さな条件へと徐々にしぼり、答えを導き出す）

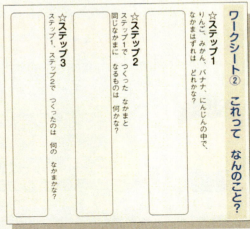

仲間集め（並列の条件から、それらを総称する答えを導き出す）

絵さがし（一つの条件ごとに当てはまるものに印をつけるなどして、答えを導き出す）

絵さがし応用編（絵を見て、その絵を説明する条件を言葉で書き出していく）

手だてのポイント

　小学校低学年の段階では、様々な言葉遊び等の言語活動を通して、多角的な視点から言葉を抽象化・概念化する練習を積み重ね、文の構造や意味をイメージしながら読み取るといった読解の基礎を培うことが大切です。その際、段階的に処理しながら複数の言葉を統合できるようにするなど、指導の方法を工夫することが重要です。また、子ども自身が自分に合った情報の整理の仕方をつかみ、いずれは自分の力で読み解けるように指導していくことも重要です。

（石田　周子）

| 単元 04 国語 | **説明文を読む**（小学部1年） |

| 目標 | 時間的な順序や事柄の順序などを考えながら、内容の大体を読むことができる。 |

どの言葉に気をつけて読めばいいの？
字は読めるし、文章もスラスラと読んでいくことができるよ。
でも、書いてあることがよくわからないんだ。
話の順序もわからないし。どんなことが書いてあるの？

この単元で見られるむずかしさ

・キーワードになる言葉が見つけられない。
・書いてあることの具体的なイメージが浮かびにくい。

なんでそうなるの？（背景をさぐる）

- 教科書では分かち書きされているが、言葉のまとまりをとらえられていなかったりすることがある。また、キーワードを見つけたり、助詞や句読点を意識して読んだりすることがうまくできない。
- 前の内容が記憶されず、文と文の関係がわからなくなる。
- 時間の流れに沿って読んだり、事柄の順序を考えながら読んだりすることができないため、書いてあることを大まかにイメージすることが苦手。

手だての例として

- 本文の分割提示を行う。
- 大事な言葉を抜き出す練習を行う。
- 指示語・接続語・文末や述部などを手がかりに前後関係に注意して読む。
- 音読やロールプレイングなど、話し言葉や具体物から理解を促す。

手だての実践例

① キーワードを抜き出し印をつけ、意識化させる（焦点化　写真1）。

「はじめに」「つぎに」など、時間を表す言葉や順序を表す言葉に印をつける。また、説明文の中心になっている言葉（「ビーバーの大工事」ならば「ビーバーは」「ビーバーが」など）に印をつけると、文章全体が何についての説明であるかを忘れないで読み進めることができる。

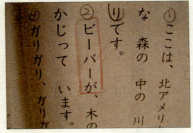

写真1　キーワードを抜き出す

② 先の文を隠すためのシートを活用し、前文の内容を意識しながら句点ごとに読むようにする（内容の記憶　写真2）。

黒や青の下敷きを次に読む文の先に置くことで、読む場所を意識することができる。また、読んだところまでの内容を振り返る時に、どこまで読んだのかを確認しながら読み進めるようにする。

写真2　シートで先の文を隠す

③ 具体的なもので内容を確認したり、ワークシートを活用し、時間の流れや事柄の順序にそって書いてあることを確認したりして内容の理解を深める（情報の整理・イメージ化）。

なかがわしろう『ビーバーの大工事』
「新しい国語2年下」東京書籍　より引用

手だてのポイント

　低学年の説明文の読み取りで、語のまとまりや文の中心になる言葉に気をつけて読んだり、文の中の大切な言葉や文に印をつけたり書き抜いたりすることで、情報を焦点化することができます。
　また、文の内容を記憶して次の文を読んだり、文と文のつながりを意識したりしながら読み進めるために「句点」を意識すると、一文一文の内容がわかりやすくなります。実際の指導の中では、文章を読み終えた時に、読み取ったことを端的に説明することができました。
　文章全体をイメージ化してとらえることが難しくても、段落ごとやまとまりごとの部分を読み取り、時間の流れや事柄の順序に気をつけて並べていくことが全体のイメージをとらえるための手だての一つになります。

（向山　勝郎）

単元 05 国語　小説文を読む　「ごんぎつね」から
（小学部4年）

目標　物語の時間的な順序を理解することができる。
兵十の気持ちの変化を読み取り、理解することができる。

物語の場面がどんなふうに変わっていくのか
わからなくなっちゃう。
昔のお話だから、どんな道具を使っているかよくわからないんだ。
どんな気持ちだったのか、想像しようとしても思い浮かばないよ。

この単元で見られるむずかしさ

・前後の関係をとらえて、整理していくことがうまくいかない。
・経験や体験の不足から具体的なイメージが浮かびにくい。

なんでそうなるの？（背景をさぐる）

● 実体験の不足によって、実感的に登場人物の心情を想像することが難しいために、ある行動をとった時の心情を想像したり、次の行動につながっていく必然性を想像したりすることが苦手。
● 実際にいろいろな実物に触れる経験や生活体験が不足しがちであることによって、物語の場面を具体的に明確に思い描けないことがある。

手だての例として

● 音読やロールプレイングなど、話し言葉や具体物から理解を促す。
● 順序性を重視した流れ図やカードを使い、記憶や思考の補助として用いる。

手だての実践例

① ロールプレイングを行い、内容を理解する

登場人物になりきれるようにお面等を用意する

雰囲気作りのために鉄砲等の小道具も用意する

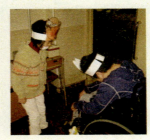
役割を演じて感じた心情を、最後に発表し合う

② 具体物を用いた説明を行う。（十分に触れられるように時間と回数を確保する。）

蓑

魚籠（びく）

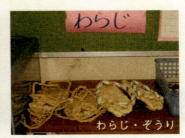
わらじ・ぞうり

③ 順序性を重視した流れ図やカードを使い、記憶や思考の補助として用いる。

まず、自分でカードを並べてみる（カードの大きさは、児童が操作しやすい大きさにする）

次に、黒板のカードを使って討論し、場面の展開を確認する

最後に、自分のカードを操作して、正しい場面の展開を確認する

手だてのポイント

　物語文は、時間の流れや人物の関係が複雑であり、主題なども明記されていません。この主題などを考える上で、作品全体の流れや因果関係などを理解することが必要となりますが、物語文を読むだけでは、理解が苦手な児童が多く見られます。
　したがって、この点を補うために、お面を使って実際に役割を演じたり、実物に触れたり、カードを並べたりすることなど、自分で実際に具体的な操作をして、自分の五感を使って関係性を確かめながら理解させていくことが必要です。

（中泉　康）

単元 06 国語 説明文を読む (中学部1年)

| 目標 | 指示する語句に着目し、文章全体の要旨をとらえる。 |

せっかく用意してもらった教材も、
何だか上手に活用できていない気がする。
テストで長い文章が出ると、
どの部分に着目すればいいのかわからなくなってしまうし、
記述式の問題ってどう答えたらいいのかわからないんだ。

この単元で見られるむずかしさ

- ワークシートや辞書等を用いても、それらの内容をきちんと関連付けながら、読み進めることができない。
- どの部分に着目すれば良いのかがわからない。
- テストで記述式の問題では、主観的で冗長な解答をしてしまう。

なんでそうなるの？（背景をさぐる）

- 多くの情報を一度に処理することが苦手。
- 提示された刺激の、全体と部分の視点の切り替えがうまくいかない。
- 客観的な事実から論を構築し、それを表現することが苦手。

手だての例として

- 記憶や思考の補助：スクリーン等を活用し、注目すべき部分を焦点化する。
- 本文の分割提示：文章を分割提示し、まずはクローズアップされた部分の学習から始め、次第に範囲を広げていく。
- 抜き出す練習・パターン化：発問に合わせて、キーワードを抜き出しながら答えていく解答法を身につける。

手だての実践例

① 説明文では、論理の展開などに一定の方向性がある場合が多いので、このことを示したワークシートを用意する。ただしこれを漫然と机上に置いただけでは、その情報をうまく活用できないことが多いので、本文や電子辞書等とあわせてスクリーンに投影する。これらに集中する環境を整えた上で、情報の活用の仕方を授業者が実際に指差し等で示しながら学ばせる。

スクリーンへの投影例
右に本文、左にワークシート、下に電子辞書を表示している

② 客観テスト形式の問題を作成する場合、着目点のつけ方に難しさのある児童生徒に対しては、「一文章一問」となるような分割提示から始める。慣れるに従って、「一文章二問」「一文章三問」……というように範囲を広げていき、最終的には通常の問題にも対応できるようにすることを目指す。

③ 記述式の問題では、問題文をよく読み、聞かれた通りに答えるパターン練習を反復する。例えば「作者は、いつ、どこで、なにを行うことが望ましいと考えているか答えなさい」というような出題ならば、
「作者は（　　）のとき（　　）で（　　）を（　　）することが望ましいと考えている。」というような穴埋めの解答例をまず作り、この（　　）に入る部分（キーワード）を本文中から探す練習を繰り返す。

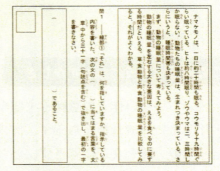

分割提示した定期テストの例
習熟度に応じてルビを増やし、また上肢操作の困難にも配慮して、書き抜きを最初の一字としている

加藤由子『動物の睡眠と暮らし』「伝え合う言葉 中学国語1」教育出版 より引用

手だてのポイント

　ここでは、与えられた情報を的確にとらえられるようにするという学習環境の面（①）、文章全体の要旨をとらえられるようにするという認知の面（②）、そして客観テストにおいて的確に答えられるようにするという解答技術の面（③）の三つの側面からサポートしました。
　まずは一人一人の障害の状態に応じた環境を整えることから始めることが大切です。本来は机上の整理からじっくり時間をかけて行うことが望ましいのですが、これが難しい場合、ここで紹介したスクリーンによる一括提示が集中を高める上でも効果的です。

（戸谷 誠）

単元 07 国語　小説文を読む（中学部2年）

目標	因果関係や伏線に注目し、主題を考える。

声に出して読むことはできるけど、主題なんてどこにも書いてないし、書いてないことなんてわからない。何をヒントに考えればいいのかな？

この単元で見られるむずかしさ

- 書いていない作者の意図や主題などが読み取れない。
- 作品全体の流れをとらえず、部分で読んでしまう。
- 言葉の意味を文意に即さずにとらえて、無理に解釈してしまう。

なんでそうなるの？（背景をさぐる）

- 書いていないことを推測するための情報を、文中から見つけることが難しい。
- 前に何が書いてあったかを記憶し、つなげながら読むことが難しいため、全体と場面の関係をとらえることが苦手。
- 語句を多義的にとらえることが難しい。

手だての例として

- 操作ができる流れ図を補助的に用い、全体や前後のつながりを確認する。
- 時間や人、場所などのわかりやすい基準を設定して読んでいく。
- 語句に対して場面に応じた意味の確認を随時行う。

手だての実践例

① 各場面を基準を決めて読んでいく。
  基準は時間・人・場所など、ある程度パターンを用意して考えるのが有効。

② 場面ごとにカードに小見出しを書き入れる（写真1）。（小見出しはカードのように操作できる方が良い。）小見出しには、各場面のキーワードなどが入る。

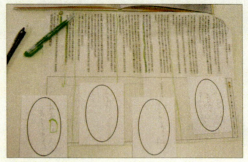

写真1

③ 全体を読み終わった後、小見出しを順番に並べ、どのような流れになっているかを確認する。

④ 気になったり疑問のあった場所を取り上げ、その場面の小見出し（カード）を見やすくしておく（写真2）。

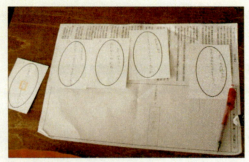

写真2

⑤ 作品全体から主題や因果関係、伏線などをとらえる。そのために、ヒントとなる語句を小見出しを手がかりに見つけ、関係性を考える（写真3）。矢印や接続語を入れても良い。その後に文章全体を繰り返し読み直す。

⑥ 自分はなぜそう考えたかの根拠として、小見出しのカードを並べ替え流れ図を作成し意見交換を行う。

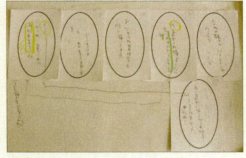

写真3

手だてのポイント

　物語・小説文は、時間の流れや人物の流れが複雑であり、主題が明記されていません。主題を考える上で作品全体の流れや因果関係や伏線などを理解することが必要となりますが、この作業が苦手な生徒が多く見られます。この点を補うために、一文一文の関係性をとらえ、ある程度抽象化して推測できるようにすることが必要です。また、単に流れ図を作成することが目的ではなく、文章を読んで考えることが目的であることも忘れてはいけません。

（岡部　盛篤）

単元 08 国語　詩歌を読む（中学部1年）

目標　書かれた情報を整理し、書かれていない情報（作者のメッセージ）を読み取る。

詩って短いから楽だけど、いきなり関係ない言葉が出てきたりするし、結局何が言いたいの？　だから何？　って感じ。
結局「おもしろかった」とか一言でしか言えないよ。

この単元で見られるむずかしさ

- 情景をイメージして、詩（物語）の全体像をうまくつかめない。
- 書かれていない作者のメッセージが読み取りにくい。
- 読み取ったことを言語化・抽象化して説明できない。

なんでそうなるの？（背景をさぐる）

- 情報に優先順位をつけて整理することが苦手。
- 情景の描写（具体像を結べる情報）と、比喩などの「表現技法」や「抽象表現」（作者のメッセージを示唆する情報）とを区別することが難しい。
- 言いたいことを伝える時、選ぶ言葉によって相手の解釈が変わるという体験が少なく、情報を選ぶという客観的な視点を獲得していない。

手だての例として

書かれていない作者のメッセージを読み取るための手だて

- 「詩」を物語として読む。「詩」を情報量が制限された「物語」と位置づけ、物語文読解で学習した読解のパターンを援用して読むことで、作者のメッセージを読むというメタ的な視点を持たせる。
- 単語単位で目に見える目印をつくる。作者の意図が込められている目印として「表現技法」を用いる。最初は、「擬態語」や「直喩」といった目に見えるものを用いる。徐々に、「表現技法」の簡潔で客観的な定義をつくり、用いていく。

- 短い詩を複数読むことで、目印を探し、意図を読み取る練習を行う。目印とした単語の持つイメージを話し合う。単語を同じ意味や似た意味を持つ違う言葉に置き替え、違いを考える。
- 読み取った意図を文脈や他の単語にあてはめ、矛盾がないか確認する。

手だての実践例　●「暗喩」を目印にする

① **語義の確定**
「てふてふ」「韃靼海峡」「渡っていく」の意味を辞書で調べ、地理的な位置・気象的な条件などを考え合わせて具体的な情景を予想する。

> 生徒の状況によっては、辞書の情報だけでなく、インターネット検索（地図・画像・語彙検索（「渡り　蝶」など））を用いても良い。

② **表現技法（暗喩）の確定**
①から、実際にはありえない情景である＝「暗喩」であることに気づく。仮に、「暗喩」は「事実は異なること」とおさえる。

③ **暗喩から作者の意図を読み取る**
- 単語が示唆するイメージを発表し合う
　てふてふ→きれい・色とりどり・華やか・ひらひら・弱い・小さい
　韃靼海峡→(字面が)難しい・深い・つらい・冷たい・困難・厳しい
- 同じ意味だが表現の違う文章を作り、印象の違いを話し合う
　てふてふが→蝶々が・チョウチョが　／　韃靼海峡を→タタール海峡を
- 意味を少し変えた文章を作り、印象の違いを話し合う
　てふてふが→白鳥が・ハヤブサが　／　一匹→数匹・たくさん
　韃靼海峡を→対馬海峡を・海の上を　／　渡っていった→飛んでいた

> 原文と複数の改作を比較することで、字面の差異や語句の持つ小さなニュアンスの違いに気づき、作者がなぜ原文の語句を選んだのかを考えることができる。そこから作者が強調したかったこと（意図）に気づかせる。

④ **読み取った意図が、他の情報と矛盾していないかを話し合う**
か弱い生き物が険しい道を力強く歩んでいく→「一匹で」が弱い生き物の勇気や力強さを表している　／　「春」が希望を暗示している

> 春
> てふてふが一匹
> 韃靼海峡を
> 渡って行った。
> 安西冬衛

安西冬衛『春』「伝え合う言葉　中学国語1年」教育出版より引用

手だてのポイント

　気持ちを言葉にして伝えることが苦手な生徒は少なくありません。場面・情景を具体的に整理するとともに、生徒の漠然とした発言をそのまま板書したり、作図や形態模写で視覚化したりすると、生徒は自分の持つイメージと、言語化され相手に伝わった内容との差異に気づき、自分の言語活動を客観視するきっかけになります。あえて意図を読み取らずに、生徒に説明の仕方を工夫させるのも効果的です。

（藤川　華子）

| 単元 09 国語 | 古文を読むために文語文法の基礎基本を学ぶ （高等部1年） |

| 目標 | 助動詞や助詞に注意し、簡単な古文のおおよその内容を理解することができる。 |

古文には、「たり」とか「なり」とか見慣れない語がたくさん出てくるけど、違いが良くわからないな。「完了」とか「断定」とか言われても、どういう意味なのかな？とにかくわからない語だらけで、古文は何をいっているのかさっぱりわからないよ！

この単元で見られるむずかしさ

・文章中に出てくる助動詞や助詞の役割や意味、助動詞の活用形、接続など文語文法に関わる多くの知識を的確に理解するのに苦心する。

・助動詞や助詞の役割や意味をせっかく覚えても、実際に文章を読む時にその知識を役立てながら、文脈をとらえていくことがうまくいかない。

なんでそうなるの？（背景をさぐる）

● 複数の条件を処理していくことが苦手。
● 前後の関係をとらえて、整理していくことが難しい。

手だての例として

● 大事な言葉を抜き出す練習を行う。
● 指示語・接続語・文末や述部などを手がかりに前後関係に注意して読む。

手だての実践例

① 助動詞や助詞を、希望・意志表現や推量表現、否定表現などにおおまかに分類し、表現の分類ごとに訳し方を学習する。時制に関わる助動詞についても同様に学習する。

　文法事項における知識の量が増えすぎると、その情報の処理が大変になるので、活用形や接続の習得を省略する。「完了」や「断定」などの語彙は説明の中で使用はするが、内容理解に重要となる助動詞・助詞（特に終助詞・係助詞）とその訳し方の習得を中心に学習を進める。

　例えば、時制に関わる、過去の助動詞「き」「けり」、完了の助動詞「たり」「つ」「ぬ」「り」は、「〜た」と訳す助動詞として簡単な例文（「花咲きけり」など）を用いながらまとめて学習する。

② 比較的簡単な古典の文章を提示し、学んだ助動詞や助詞に印をつける。（「ず」や「き」など、活用形によっては終止形がわかりにくいものがあるので、その場合はあらかじめ終止形を原文の右側に記しておく。）

　助動詞や助詞の役割に注意しながら文章を読むことが、古典作品の内容把握には必要になってくるので、助動詞や助詞の役割の大切さを意識づけするためにも、助動詞や助詞に注目させる作業を入れる。

③ 一文一文を現代語訳する。その際には、印をつけた助動詞や助詞以外の部分はあらかじめ現代語訳を提示しておき、印をつけた助動詞や助詞の部分のみを穴埋めする形で行う。

　多くの知識を一度に学習するのは大変なので、古文を学ぶ初期段階において、一文一文の意味を確定する役割を果たす助動詞や助詞の訳し方の学習に焦点を当てる。

【板書例】
男もすなる日記といふものを、
（訳）男も書く□日記というものを、
女もしてみむとて、するなり
（訳）女も書いてみ□といって、書く□

手だてのポイント

　助動詞や助詞に注意し、それらの役割や意味を手がかりに古文の一文一文を丁寧に読み、その都度、一文の意味を確定していくことが、文と文とのつながりの理解を助け、全体の内容把握につながります。文と文のつながりを推測しながら全体の内容を把握していくことが苦手な生徒にとっては、古文を学ぶ初期段階において、一文一文の意味を確定するための助動詞や助詞の学習に、ある程度集中的に取り組む時間を設けることがより重要になってきます。

（田村　裕子）

国語であらわれる学習上の困難 ④ 「書く」編

こんな○○で困っている子はいませんか？

（1）書く内容はあり、話せるが、書くことができない。

　書く内容はあり、口頭では比較的スムーズに出てきます。しかし、いざ書くとなると何から手をつけて良いかわからずに書けないことがあります。また、書く内容を口頭で言えても、その内容がまとまっておらず、書いた内容がバラバラで相手に伝わりにくいことがあります。

（2）ある程度書けるが、内容が伝わりにくい。

　ある程度書くことはできますが、まとまりがなく、内容とあまり関係のないことまで書いてしまい、だらだらと長くなってしまうことがあります。また、主語や述語、目的語などがはっきりしない、言葉の使い方が適切ではないなど、何を伝えたいのかわかりにくい場合があります。

（3）具体例や事実は書けるが、理由や意見がまとまらない。

　一般的な事実や具体例を知識として羅列して書くことは得意ですが、それらに対する意見や理由が書けなかったり、まとまりがなかったりします。また、具体例や事実が書きたい内容に合っていないことがあります。

なんでそうなるの？（背景をさぐる）

こうしたむずかしさの背景として考えられることには、主に次の点が挙げられます。

① 情報が取捨選択できず、全てを書いてしまう。
② 事実と意見などを区別できない。
③ 書く順序や構成を考えることが難しい。
④ 書いているうちに、伝えたい内容を忘れてしまう。
⑤ 字の間違いや、句読点の使い方などが気になって、うまく書けない。
⑥ 実体験や経験が不足しているために、一般的な例えが思いつかない。
⑦ 書く内容は思いつくが、思いついたことそれぞれの関係性がとらえられない。
⑧ 主観や客観などの視点を切り換えて書くことが難しい。
⑨ 用いる語意が一義的になっている。

など

　書くことは読むことと大きく関わります。書くことは、読むことと同じく、複数の条件を処理したり、まとめて整理するなど、抽象的な概念理解が学年が上がるにつれて必要となってきます。さらに運動機能の制限や経験の不足なども大きく影響し、語彙概念が一義的になっていることなどが原因で、「思考」から「書く」への過程で問題が生じることがあります。

手だての例として

① 「書く」ことの目標を一つに絞る。
② 思考をまとめる手順を、読むことと同じようにパターン化する。
③ カード整理など、具体的に思考を補助するものを用いる。
④ 録音再生などを行い、話し言葉から推敲して書く。
⑤ 内容に即した語意であるかどうかを確認してから書く。

など

　書くことには、読むことよりもさらに多くの困難点が見られます。書くことの目標の一つに、話し言葉から書き言葉へと移行していくことがありますが、そのためにも、話し言葉を確立してから書き言葉を学んでいくことも場合によっては必要となります。この点を踏まえて、指導者が目標を明確にして手だてを用いることが重要となります。

（岡部 盛篤）

単元 10 国語　手紙を書こう（小学部5年）

目標　伝えたい事柄を整理して、相手や目的を意識しながら手紙を書く。

作文や手紙を書くのが苦手なんだ。
何を書けば良いかわからなくなっちゃう時もあるし……。
書いているうちに、あれも書きたいこれも書きたいって、
書きたいことが増えてきて混乱するんだよ。

この単元で見られるむずかしさ

・出来事を時系列に羅列して終わってしまうことが多い。
・書く事柄を口頭では言えるが、具体的に文章化して表現するのがうまくいかない。
・書く事柄を頭の中にとどめながら整理して、文章を組み立てることがうまくできない。
・書いても内容ごとのまとまりが構成できずに、前文・本文・文末といった、手紙の基本的な形式に整わない。

なんでそうなるの？（背景をさぐる）

- 情報が取捨選択できず、全てを書いてしまう。
- 書く順序や構成を考えることが難しい。
- 書いているうちに、伝えたい内容を忘れてしまう。
- 実体験や経験が不足しているために、一般的な例えが思いつかない。
- 書く内容は思いつくが、思いついたことそれぞれの関係性がとらえられない。

手だての例として

- 思考をまとめる手順を、読むことと同じようにパターン化する。
- カード整理など、具体的に思考を補助するものを用いる。

手だての実践例

① 手紙の目的を踏まえ、書きたい事柄をメモに書き出す。

教えてくれたから	リレーや風船バレーのゲームの時に、走り方や風船の打ち方をやさしく教えてくれたから
はげまし	私ももっと上手になれるようにがんばるので、田中さんも中学部で勉強やクラブ活動をがんばってほしい
あいさつ	卒業おめでとうございます
うれしかった	体育の授業がいっしょにできてうれしかった

ポイント
- 一枚のメモに一つの事柄を書くようにする。
- メモ書きに悩んでいる子どもは、口頭で良いので、一度書く内容を全部挙げてみるようにする。その中から選んでメモにする。

② 構成を考えて、書き出したメモに順番を書く。
③ 順番ごとに作文用紙へ記入し、文章構成の型を確認させる。
④ 清書する。

手だてのポイント

この手だてに示した通り、手紙文のように形式が決まっている文章の方が取り組みやすいものです。手紙の目的は、例えば「卒業する6年生への手紙」「工場見学のお礼」など具体的なものが良いでしょう。

また、文章量が多い手紙が良いと認識している子どもや、文章構成の順番を考えるところで悩む子どもが多いです。それは、もともと持っている文章スタイルの少なさ等が原因と考えられます。事前に例文を見せ、どのような手紙が良いかを示しておくと、たくさん書けば良いという意識を改めて内容に着目するようになり、文章の構成も考えやすくなります。この方法は手紙だけでなく、作文を書く時にも有効です。書きながら文章を推敲することが難しい子どもには、ぜひこの方法を試してみてください。

（北川 貴章）

単元 11 国語　作文を書く（中学部2年）

| 目標 | 事実と意見を分けて書く。 |

書きたいことはたくさんあるし、言葉では言えるんだけど、いざ書くとなると何から書いて良いのかわからない。書いていても、何を伝えたかったかわからなくなってしまうんだ。

この単元で見られるむずかしさ

・口で言ったり、ある程度書くことはできるが、だらだらと長くなってしまい、内容が伝わりにくい。
・伝えたいことが伝わらず、誤解が生じてしまう。

なんでそうなるの？（背景をさぐる）

● 全体をイメージして書く順序を組み立てることが難しい。
● 伝えたい情報の取捨選択が苦手。
● 書いているうちに伝えたいことを忘れてしまう。

手だての例として

● 読むパターンと同じく、書き方をパターン化する。
● まず思いつく順に分かち書きを行い、情報を取捨選択する。
● 重要な情報をメモなどに明示しておく。

手だての実践例　●意見と事実を明確にして書く

① 口頭で書きたい内容を述べる。

② 述べた内容を再度聞き直し、ワークシートを用い、順番に小見出しをつけてみる（写真1）。

　話し言葉の方が得意な子どもが多いが、話し言葉のみでは主語や目的語があいまいだったり、伝えたい情報が多すぎたりする。

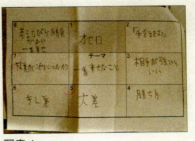
写真1

③ 小見出しを見ながら、口頭で述べてみる。一番伝えたい小見出しを見つけ、どこが事実でどこが意見かを確認する。

④ 一番伝えたいことを中心に、小見出しごとに事実と意見を分け、情報を取捨選択する。その後、小見出しごとに書く順番を決める。

　書く順番については、単元7「小説文を読む」などで学んだパターンを用いるのも有効。

⑤ 小見出しごとに順番に書いてみる（写真2）。

　その際、小見出し一つあたりの書く分量は生徒の実態に合わせて調節する。

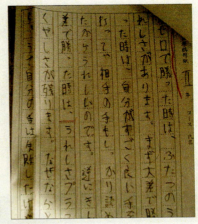
写真2

⑥ 全て書き終わったら、ワークシートと比べて、各小見出しがどのようにつながるかを確認し、接続語などを補う。そして事実と意見のつながりを確認し、全体を完成させる（写真3）。

写真3

手だてのポイント

　文章を書くには、視覚的に複数の情報を処理することが求められます。また、多くの情報をある程度抽象化して考える力も必要です。しかし、この点を苦手とする生徒が多く見られ、この点を補うために、最初は話し言葉を用い、その後全体が見えるようなワークシートを使い作文を完成させました。また、情報の取捨選択や文章構造を考える上で、情報の抽象化を助けて具体的に操作できるような教材も有効です。

（岡部　盛篤）

単元 12 国語　文章を綴る（中・高等部）
―意見文、論説文の作成に向けて―

目標　提示された事項の目的や意図に応じ、自己の考えが明確に読み手に伝わるよう、構成を考えて文章を書くための構造を理解する。

自分の意見ってどうやって書いたら良いのかな？
日記や感想文とどう違うのかな？
自分の意見をたくさん書くことが大事なのかな？
思いや考えをたくさん持っていても
文章としてうまく構成できないな。
日記や感想文だってうまく書けないのに。

この単元で見られるむずかしさ

- 伝えたいことが絞り切れず、自分の思考・解釈の過程を全て羅列してしまい、内容がくどくなる。
- 一部の内容に執着したような文章を作成し、周囲に自らの思いや考えと異なった解釈をされてしまう。

なんでそうなるの？（背景をさぐる）

- 情報が取捨選択できず、全てを書いてしまう。
- 書く内容は思いつくが、思いついたこととそれぞれの関係がとらえられない。
- 用いる語意が一義的になっている。

手だての例として

- 思考をまとめる手順を、読むことと同じようにパターン化する。
- カード整理など、具体的に思考を補助するものを用いる。
- 内容に即した語意であるかどうかを確認してから書く。

手だての実践例　●語句の意味や文章構成をおさえるワークシート

　文章を書く前に「何について書くのか」とともに、「どのように文章を構成するのか」について整理できることが大切です。そのためには、自分で文章を書く前段階で、例文を読み、書き手の述べ方の構造をおさえる学習が必要です。その際、読む上で段落ごとの大事な言葉（一番に言いたいこと）を見いだす取り組みを行い、書き手の言いたいこととそれに関わる言葉を把握する練習をします。

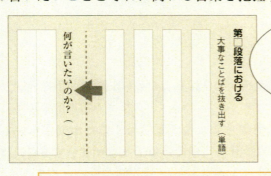

見いだしたキーワードの語句の意味を、誤って理解することが多いため、語意の確認はとても重要です。

① 例文を段落ごとに読み進める。キーワードを見いだす。
② キーワードの文中における語意を確認する。
③ キーワードを用いて、一語文で段落ごとの論点をまとめ、切り取る。

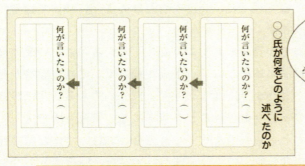

文章構成の「型」＝文章作成の「型」として、意見や考えのまとめ方を学ぶことに着目させます。

④ 段落ごとに切り取った紙を一列に並べ、その中から序論と結論を始めと終わりに置き、何が言いたいのかの骨子についておさえる。
⑤ 骨子を肉付けする本論を構成し、内容の詳細を確認する。
　　文章構成上、本論を述べるポイントが順序通りにならない文章もある。
　　提示する例文は順序立てた構成のものを用意する方が望ましい。
⑥ 読み取った内容を他者が理解できるか、複数で確認する。
⑦ 最後に、「これが○○文の構成の型の一つ」と明確に確認する。

手だてのポイント

　例文から得た「型」を、実際に文章を作成するための説明書として活用します。「型」がわかると比較的円滑に取り組むことができます。文章を作成する際、主旨に即した適切な言葉の使い方に着目させることで、自己の主張の整理がスムーズに進みます。

（加藤　隆芳）

Column 1

介助について

　学校生活をスムーズに送るために、ユニバーサルタイプのトイレやスロープ、エレベーターなどの物理的な環境と支援員等の人的資源を整えることは欠くことができないものです。最近では肢体不自由のある子どもが就学する際には、必要があればトイレやスロープの改修が行われるようになり、地域によってはエレベーターの後付けも行われています。支援員も解決しなければならない問題を抱えながらも配置されています。物理的な環境や人的資源は整えられてきましたが、通常学級支援では、介助の質と量のことについては常に話題になります。

　私たちが適正な介助の目安にしているのは、授業の最初に教師が話し始めた時に、準備が整っていて聴く態勢がとれているかどうかということです。自分のできることはできるだけ自分で行うということを基本にして学校生活を送っている場合、トイレを済ませて着替えをして急いで体育館に行ったら、体育の時間の半分が終わっていたということも珍しくありません。こうしたことが学校生活の様々な場面で重なっていくと、どうしても意欲の低下につながってしまいます。

　私たちは、介助の質と量を、期間を決めて変化させることを勧めています。質と量を変化させていくと、いつもは自分で行っている移動も運動会の練習が続く時には介助を利用する、2時間目のトイレは介助で行っているが、次の時間の移動や準備によっては自分で行う等の判断ができるようになります。介助が判断を伴わないで、子どもたちの手足になってしまうと様々な不都合が生じてしまうものです。

（城戸　宏則）

Column 2
大きな天板の机の利用について

写真1

写真2

写真3

　肢体不自由のある子どものスムーズな学校生活を送る工夫の一つに、天板の大きな机の利用があります。小学校で一般的に使われている机の大きさは、縦40cm横60cmくらいの大きさです。この机より縦と横を一回り大きくすること（写真1）で、机の上のスペースがぐんと広くなります。

　また、いすを少し後ろに引いて、机の物入れから道具箱を引き出して、必要なものを取り出して、また道具箱をしまっていすを元の位置に戻す——といった一連の動作に時間がかかってしまう場合には、もう少し天板の大きい机を使用し（写真2　縦70cm横80cmくらいの大きさ）、机の上に道具箱を出しておいて、教科書やノートなどの出し入れをスムーズにすることも考えられます。机の物入れから出し入れするよりも、机上で水平に物を移動させる方がやりやすいことが多いようです。

　もう一つ、机上のスペースが広くなることで教科書、ノートなどの整理がしやすくなったり、えんぴつや消しゴムを机から落としてしまうことを減らすこともできます。

　あるお子さんは、1時間の学習時間のうちに5回、6回と物を落としては拾い、拾うために立ち上がったはずみでまた別のものを落としてしまうということがよくありました。机を大きくしたことで、学習用具を置くスペースが確保され、結果的に学習に集中して取り組めるようになりました。

　スペースを広くとる工夫としては、一般の児童机をL字形に並べて2つ使うことも考えられます（写真3）。この場合も横に置いた机の上に必要なものを出しておき、学習中は教師の指示があった時にさっと引き寄せれば良いという状態にしておくことができます。

（田丸　秋穂）

算数・数学であらわれる学習上の困難 ① 「図形」編

こんな○○で困っている子はいませんか？

(1) 図形の構成要素（頂点・辺・角など）がとらえにくい
(2) 全体をイメージしたり、表現したりすることが難しい

上に描かれている図形の模写

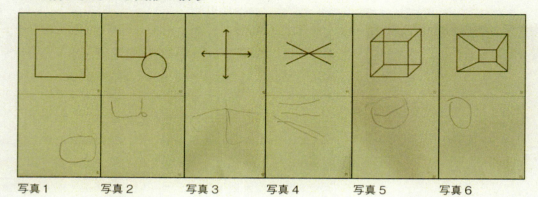

写真1　写真2　写真3　写真4　写真5　写真6

〔基本的な図形〕
写真1　角や辺（直線）を認知していません。
写真2　大きさのバランスがとれず、面積の違いがわかっていません。
写真3　交差はしていますが、長さのバランスがとれず、線の先端も書けていません。
写真4　交差する直線の1本1本が見えていません。図と地の区別がついていません。

〔立体図形〕
写真5　立方体の面を抜き出すことができないため、頂点も直線も認知できていません。
写真6　中の四角を認知できていません。
写真2～6は、いずれも図形を描く位置がずれています。

立体図形の認知

　小1では、幼児期にぼんやりと使っていた「三角」「四角」などを意識化し、立体から面を取り出して縁取りをするなどの学習を通して、理解を深めていくことを目標にしていますが、図形の全体や構成要素がとらえにくい子どももいます。
　縁取りがずれてしまったり（写真7）、コンパスや定規を使う作業が難しく、作図においても困難が見られます。

写真7

なんでそうなるの？（背景をさぐる）

こうしたむずかしさの背景として考えられることには、主に次の点が挙げられます

① 見ているものの図と地の区別がつきにくい。
② 形の恒常性に気づきにくい。
③ 直線や角を見取ることに困難がある。
④ 視野が狭かったり、視界の中に見えにくい部分があったりする。
⑤ 斜め線をとらえたり、描いたりすることが難しい。
⑥ 長さ・広さの量感を感じ取ることが難しい。
⑦ 形全体のイメージをとらえることが難しい。
⑧ 上肢・手指の動作のまひ及び視覚と運動の協応性の弱さから、作図等に難しさがある。

など

手だての例として

見て　さわって　言葉にしよう

① 情報を選択し、一度に与える量を減らし、色を利用したり、太さを変化させたりすることで情報の焦点化を図る。
② 部分部分の関係を理解してから全体を見るようにする。
③ 触覚を活用して、平面図形、立体図形をなぞり、形や立体感の認知を高め、動作化、順序化を図る。
④ 頂点や線など図形を構成する要素や作業の手順を言語化して、同じ作業を繰り返すことで定着を図るようにする。
⑤ 具体物を使った操作を通した学習を行う。
⑥ フラッシュカードで集中力と認知を高め、ドリル活動を通して学習内容の定着を図る。
⑦ ICTを活用したり、使いやすいように工夫した器具を使ったり、作業の手順を言語化したりすることで、作業の内容を明確にし、手順の理解を図る。

など

（向山　勝郎）

単元 01 算数・数学　かたち（小学部1年）

目標　具体物を用いた活動などを通して、図形についての理解の基礎となる経験を重ね、図形についての感覚を豊かにする。

丸・三角・四角の区別はつくけど、「丸とだ円」「真四角と長四角」「三角と長細い三角」の違いってなに？全体の形をうまくとらえられないし、図形のふちどりもうまくできないんだ。

この単元で見られるむずかしさ

- 図形を体の正面、もしくは見やすい場所に置いて見ることがうまくできない。
- 図形の大まかな形がつかみにくい。
- 丸、三角、四角、だ円、長い三角、長四角などの区別が難しい。
- 図形の構成要素（頂点、辺、面）がつかみにくい。
- 頂点の場所、角の大きさや辺の長さの違いがつかみにくい。

なんでそうなるの？（背景をさぐる）

- 姿勢の崩れや利き目、利き腕の関係で、図形を体の正面に置いて見ることに困難がある。
- 図形の記憶が難しく、左右の位置、方向をとらえることが苦手。
- 図形の一部が欠けて見えたり、ゆがんで見えたりしている。
- 線の始点や終点がわからない。
- 長さの違いがわからない。

手だての例として

- 触覚を活用して、平面図形、立体図形をなぞり、形や立体感の認知を高め、動作化、順序化を図る。
- 頂点や線など図形を構成する要素を言語化して、同じ作業を繰り返すことで定着を図るようにする。

手だての実践例

① **図形を見やすい位置に置く**
　子どもの利き目や利き腕を意識して、図形をまっすぐに見ることができる位置に置く。

② **頂点や辺を意識して、図形に触る**
　シールを使ってスタートとゴールを焦点化し、色板の図形を触る。

③ **言語化した手順に添って、縁取りをする**
　言語化した手順で作業を繰り返し、段階的に縁取りの学習をする。このことで、箱や茶筒などの立体からひとつの面を取り出し、縁取りする活動につなげていく。
　ア　ガイドに沿って、図形の内側の縁取りをする（写真1）。
　イ　図形の内側の縁取りをする（写真2）。
　ウ　図形の外側の縁取りをする（写真3）。

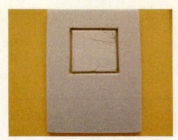
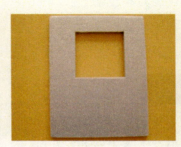

写真1　　　　　　　写真2　　　　　　　写真3

手だてのポイント

　図形の全体をとらえることが苦手な子どもには、図形を部分的に見て全体像をとらえることが一つの手だてになります。積み木や色板などの図形を言語化しながら触ってみることで、視覚以外の触覚などの感覚を活用し、形のイメージをとらえられます。
　また、縁取りをする学習では、形を書く学習を最初に行うことで手順の確認ができます。言語化した手順を繰り返し、内側から外側の縁取りへ、立体の縁取りへと行うことで、図形の面がとらえられるようになり、全体像がつかみやすくなります。

（向山　勝郎）

単元 02 算数・数学 　箱の形（小学部2年）

目標　ものの形について観察する活動を通して、形を構成する要素に着目し、図形について理解できるようにする。

面や辺、頂点の数を数えようとしても、うまく数えられないんだ。箱をくるくる回すと数えたところがわからなくなっちゃう。頂点や辺の数を数えても、同じところを2回数えてしまう。図形は苦手だな。

この単元で見られるむずかしさ

・構成要素（面、辺、頂点）がとらえにくい。
・面や辺、頂点の数を数える時にうまく数えられない。

なんでそうなるの？（背景をさぐる）

- 教科書の見取り図がわかりづらい。
- 回転することによって、左右の位置関係、方向をとらえることがうまくいかない。
- 頭の中に数えたところを留めておけない。

手だての例として

- 部分部分の関係を理解してから全体を見るようにする。
- 触覚を活用して、平面図形、立体図形をなぞり、形や立体感の認知を高め、動作化、順序化を図る。
- 頂点や線など図形を構成する要素や作業の手順を言語化して、同じ作業を繰り返すことで定着を図るようにする。

手だての実践例

① 触って気づいたことを発表する
　　→目をつぶって、触って確認してみよう
・面は平べったくて、つるつるしている
・頂点には角がある　・角と角の間の横にまっすぐな線（辺）がある
・辺は上の角と下の角の間にある細い線。縦に真っすぐある

② 良く見て、気づいたことを発表する
　　→次は、良く見てみよう
・ながしかくのところがある　　・隣り合っている平らなところは大きさが違う

③ 触ってとらえられた言語と位置関係を表す言葉を結びつけて有意味化する
　（写真1，2）
　　→場所を確認してみよう
・面は上下、前後、左右
・辺は縦にまっすぐな線

写真1　　　　　　　写真2

④ まとまりを作って数える。
　　→まとまりごとに、数えてみよう
・面は上下、前後、左右で2，4，6で合計6つ
・頂点は上の面に4つ、下の面に4つ　　・辺は上と下の面に4本ずつと、縦に4本ある

手だてのポイント

　面の数が数えられないからといって、面に「1，2，3…」と数字を記入して数える手だてをよく目にします。この手だてにより箱の面の数は正しく数えることができるかもしれませんが、本来の目標である「構成要素をつかむ」ことはできたのでしょうか。
　実践例では、あえて視覚を遮断し、触覚や運動によって形を認識しやすくしました。触角と運動によって気づいたことと視覚情報を結びつけたのです。また、位置関係を表す言葉（上下、前後など）を使うことにより、数えたところを頭に置いておけるように工夫しました。

（村主 光子）

単元 03 図形（小学部4年）
算数・数学

| 目標 | 図形を構成する要素に着目し、それぞれの平面図形について知ることで、それらを弁別することができる。 |

三角形はわかるよ。
でも、直角三角形って言われるとわからなくなっちゃうんだよな。この形って何？
長方形は　　　　　　って教わったよ。

この単元で見られるむずかしさ

・形の特徴をとらえることが苦手なため、形の弁別を行う時、形が斜めになっていたり、大きさが違っていたりすると同じ仲間にすることが難しい。
・図を描く時に、構成要素を意識して線を引くことがうまくできない。

なんでそうなるの？（背景をさぐる）

● 構成要素（特に頂点や斜め）をとらえることが難しい。図形概念のイメージを持ちながら、特徴を抽出することが難しい。
● 全体と部分の情報をとらえて関係づけることが苦手。形の記憶が確立されていないことがある。
● 位置関係をとらえることが苦手で、どこに注目して良いかわからないことがある。基準をおさえながら、角や辺の長さといった構成要素がとらえられない。

手だての例として

● 触覚を活用して形を把握する。そして、一つの基準を作り、そこから全体を理解するようにしていく。
● 図形を構成する要素を言語化して定着を図る。
● 具体物の操作やゲーム的な活動を通して、図形の活用を図る。

手だての実践例

① **基準を作る：触ろう、そして基準を見つけよう**

　触覚は構成要素を抽出しやすいので、どのような形なのかを見る前に、ブラックボックス内で触り、触覚から得た情報を意識できるようにする。また、触った時の基準を凸凹で示し、それを基準点として角や辺の情報を整理できるようにする。

　例えば、触れて感じる教材では、長方形の構成要素である辺の長さを「触れる」ことができる立体物を用意する（写真1）。この立体物を触ることで、視覚からではなく、触覚や運動感覚から、長方形には4つの辺があるということや長い辺があるという構成要素を意識できるようになる。

写真1　触れて感じる教材

② **キーワードを作る：言葉にしよう**

　視覚情報を整理するため、構成要素を見る順番を明確にしておく。例えば、図形を触る時は、「ヘン、カク、チョ」をキーワードにして順番を決める。また、子どもが頂点を触り「痛い」と話した時は、「痛いが頂点」とフィードバックをきちんと言葉で返すようにする。

③ **図形を使った活動：ゲームをしよう**

　主体的な算数的活動のためには、図形を生かした取り組みが大切になってくる。そこで、図形のトランプカードを用いて図形を見分ける取り組みをゲームとして行う。形を様々な方向から認識することになるため、図形を見分ける力がつく。

　写真2のカードを使ったゲーム的な教材では、同じ形で色が違うカードを複数枚用意して（直角三角形、正方形、二等辺三角形など）、トランプの要領でゲームをする。例えばババ抜きでは、同じ形のものが揃えば場に出せるようにする（ジョーカーのカードも作る）。同じ要領で神経衰弱もできる。

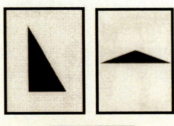

写真2　カードを使ったゲーム的教材

手だてのポイント

　図形を弁別する観点として、辺や頂点の数、直角の有無などの構成要素をとらえる必要があります。しかし、教科書を見るだけでは頂点の位置や辺の長さなどがわかりづらく、構成要素を抽出することができない場合もあります。具体物を実際に触ったり、特徴を言語化したりして、色、大きさ、位置に関係なく、形の構成要素を意識していく活動が大切になります。

（岡本　義治）

単元 04 算数・数学　平面図形（中学部1年）

目標
図に表現したり、正しく作図したりすることができる。

作図は難しい。定規で線を引くのは難しいし、コンパスで円を描こうとしてもぐちゃぐちゃになってしまう。平行とか垂直も見づらくてわからないし。補助線が増えていくと、どれがどれだかわからなくなるんだ。

この単元で見られるむずかしさ

- 定規やコンパスがうまく使えない。
- 平行や垂直などの図形の関係を読み取ることが難しい。
- 補助線が増えると、それぞれの区別がつかなくなる。
- 作図の途中で書いた場所を見失う。また、どこまで書いていたかわからなくなる。

なんでそうなるの？（背景をさぐる）

- 図と地の区別がつきにくい。
- 直線や角の関係を図からとらえることが難しい。
- 斜め線が描きにくい。
- 全体のイメージがつかみにくい。
- 定規やコンパスを使って図を書くことが難しい（写真1）。

写真1　介助がないとコンパスが使いづらい

手だての例として

- 作図の手順を言語化し、同じ作業を繰り返すことで定着を図る。
- 使いやすい教具や、パソコンなどのICT機器を利用して作図を行う。

手だての実践例

① **作図手順を言語化する**

実際に作図を行うだけでなく、作図手順を言語化して、手順を他人に説明できるようにする。

② **生徒の操作しやすい器具を用意する**

定規が押さえづらかったり、コンパスを回すことが難しかったりする場合、生徒が扱いやすい物を用意する。

コンパスを持って回すのが難しい場合でも、定規に等間隔に穴のあいた分回しに鉛筆と印を挿すことで円を描くことができる（写真2）。

写真2　分回し

③ **ICT機器などを、定規やコンパスの代替手段として利用する**

定規やコンパスを使うのが難しくても、作図ソフトを利用することにより作図活動を行うことができる（写真3）。定規やコンパスを使えなくても作図できるだけでなく、必要なくなった補助線を表示しないようにしたり、手順を再現したりすることができる。

タブレット型端末を利用すれば、指でタッチすることで作図を行うことができる（写真4）。

写真3　作図ソフトの活用

写真4　タブレット型端末の活用

手だてのポイント

作図方法を言語化することは、手順が明確となり、図形の性質をとらえるためにも非常に効果的です。もちろん、実際に図形を描くことを経験することは、図形の性質を発見したり、図形のイメージを形成したりする上でとても重要です。学習を進める上で、ICT機器の利用も含め、複数の手だてをバランス良く効果的に活用することが有効です。

（白石　利夫）

算数・数学であらわれる学習上の困難 ②　「数概念」編

こんな○○で困っている子はいませんか？

数を数えることはできるが、数字のかたまりとしてとらえることができない。数のイメージが作りにくい

■集合数として見取れない例

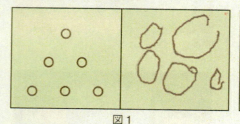
図1

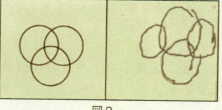
図2

見本の○の数を数え、見本と同じ数だけ描くことができません。

■数の合成分解がとらえられない例

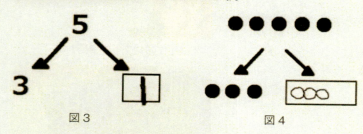
図3　　　　　　　　　図4

5のかたまりを集合として認知していないため、数を分解するというイメージが持てません。指を使って数えると答えを出せるのですが…。

■10のかたまりと1とを混同する例

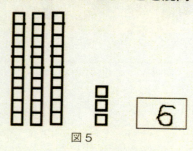
図5

10個のタイルのかたまりが理解できず、10個のかたまりも1つのタイルも同様に「1」と数え、答えを「6」としています。

33は、「32の次の数」という順序数としてのイメージしかなく、「10が3つと1が3つを合わせた数」という集合数としての見方ができません。

■同分母の足し算が理解できない例

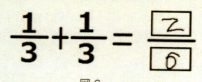
図6

「3分の1」という分数のイメージができません。「分子だけ足す」という計算方法は身についても、分数加法の概念は理解できません。

なんでそうなるの？（背景をさぐる）

こうしたむずかしさの背景として考えられることには、主に次の点が挙げられます

① 視野が狭かったり、視界の中に見えにくい部分があったりする。
② 数えるものの位置関係がつかめず、かたまりとしてまとめることが難しい。
③ 多くの視覚情報を一度に処理できない。
④ 一つずつの像を移動させたり、分解したり、いくつかの像をまとめたりすることができない。
⑤ 散らばったものの全体像がとらえられない。

など

手だての例として

かたまりを作る　イメージを作る

① 視覚的に見取りやすく覚えやすい小さなまとまり（チャンク）を作り、それを認知させ、結び合わせながら大きなものを認知できるようにしていく。フラッシュカードやドリル活動を通して、繰り返し練習し、習熟させる。
② 数概念を数の具体的活動（数える、分ける、合わせる、まとめるなど）を通してエピソードを含めた中で養っていく。その中で、算数・数学的な経験・体験をし、具体物操作や言語化を通してイメージを作っていく。
③ 視覚情報を減らしたり、調整したりして、視覚情報の精選を図り、処理しやすくする。
④ 情報の焦点化（色の使用、太さの変化等）を図り、重要な情報を見分けやすくする。
⑤ まず部分から部分へと進め、その関係をしっかりおさえながら全体像をとらえさせていく。
⑥ 運動や触覚など視覚以外の感覚を活用する。学習を動作化し、運動覚、触覚からのイメージの入力を図る。
⑦ 言語化を図り、聴覚情報を活用して、数概念のイメージ化を助ける。
⑧ 作業手順を明確化し、順序化することによって手だてを有効に活用できるようにする。

など

（佐藤 孝二）

単元 05 算数・数学　10までのかず（小学部1年）

| 目　標 | 10までの数の数概念の形成。 |

10まで唱えることはできるけど、何度も同じ数を数えたり、数え忘れたりしちゃうんだ。サイコロの目がすぐにわからない。1つずつ数えないと答えられないんだ。
数を合わせたり、分けたり、イメージすることが難しいんだ。

この単元で見られるむずかしさ

・10までのものを正確に数えることが難しい。
・10までの数を集合数としてとらえることが難しい。
・10までの数を量として合成・分解することが難しい。

なんでそうなるの？（背景をさぐる）

- 学習する内容を聞き取って理解することが得意な子どもは、すらすらと数を唱えたり覚えたりすることが比較的簡単にできる。しかし、事物を見てとらえることが苦手な子どもは、数えるものを見逃したり、二度数えてしまったりする失敗が生じてしまう。
- 複数のことを同時に行うのが苦手な子どもは、全体を見渡して情報処理をしなければならない集合数としての数概念が身につきにくい。具体物を操作している時は数の分解・合成ができても、頭の中で数を集合数としてとらえ、分解・合成することがうまくできないことがある。

手だての例として

- 小さな数のまとまり（チャンク）を作り、それを結び合わせながら、大きな数を認知できるようにしていく。フラッシュカードやドリル活動を通して、繰り返し練習し、習熟させる。

- 具体物操作や言語化を通して、イメージを作っていく。
- 作業手順を明確化、順序化することによって手だてを有効に活用する。

手だての実践例

① **10までのものを正確に数える**

　数えるものに数を書き入れ、声を出して数える。5までを線で囲み、5のかたまりを作り確認して数える（図1）。
　また、具体物（おはじきなど）も固定した場所に移動させ、5のかたまりを作らせて、「5と3で8」と言語化しながら数えさせる（図2）。

② **10までの数を集合数としてとらえる**

　「フラッシュカード」を用いて指導する。まずは、1と2と3のかたまりを一目でわかるように練習する。
　さらに、1と2で3、2と2で4、3と2で5、2と2と1で5というような組み合わせでも一目でわかるように練習する（図3）。6は5と1、8は5と3、9は5と4というようにカードで練習する（図4）。

③ **10までの数を量として合成・分解する**

　②の指導を通して1〜10までの集合数のイメージを定着させ、図5のようなフラッシュカードで練習していく。
　小さな数のかたまりを意識させ、大きな数がその組み合わせで成り立っていることに気づかせることが大切。

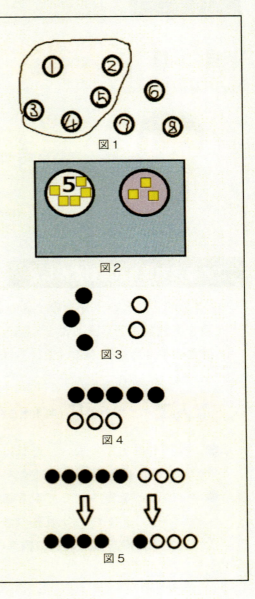

図1

図2

図3

図4

図5

手だてのポイント

　集合数としての数概念を育てるためには、視覚的にとらえることのできる「小さな数のかたまり」のイメージをしっかり身につけることが必要です。そのかたまり（チャンク）を組み合わせることで大きな数がわかり、10進法の数概念の形成につながります。

（佐藤 孝二）

単元 06 算数・数学　分数のたし算・ひき算（小学部4年）

| 目標 | 分数の意味と表し方がわかる。
分数の足し算・引き算ができるようになる。 |

$\frac{1}{3} + \frac{2}{3} = \frac{3}{6}$ じゃないの？
分子だけ足せばいいっていう計算のやり方は覚えたけど、理由がわからないよ。
分数って、良くわからないんだ。

この単元で見られるむずかしさ

- 「3分の1」という分数のイメージがつかみにくい。
- 数を連続数でとらえることが難しい。
- 計算のやり方はわかるけど、意味がわからない。

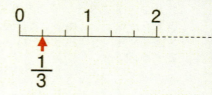

なんでそうなるの？（背景をさぐる）

- 肢体不自由児の場合、計算はできても、日常生活の中での算数的な経験の不足により、分数を具体的にイメージすることが難しい場合が多い。
- ものごとを順序立てて取り組むことが得意な子どもの場合、1つのかたまりごとでとらえていく分離数の考え方は比較的容易に習得できる一方で、全体を見渡す必要のある連続数の概念の習得が難しい。

手だての例として

- 具体物操作を通じて、分数のイメージを作っていく。
- 10個（＝分母）に分けた1個分（＝分子）などと、数のかたまりで考えることで、全体と部分との関係を認知しやすいようにする。
- 「いくつに分けた、いくつ分」と分数の考え方を言語化し、分数概念のイメージを作っていく。

手だての実践例

① 具体物操作を通した指導法

「1つのものを何等分したうちのいくつ分」という分数の概念のイメージを、具体物操作を通じて作っていけるようにする（写真1、写真2）。

写真1

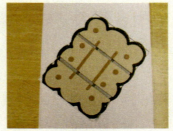
写真2

② 分離数でとらえていく指導法

分数のたし算・ひき算の場合、数のかたまりがはっきりしている分離数の考え方を使う。分子と分母の考え方がイメージしやすく、わかりやすい。

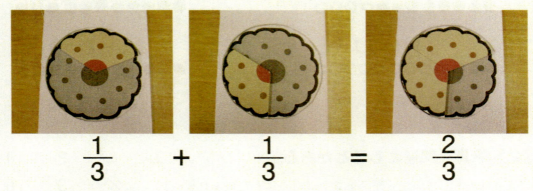

$$\frac{1}{3} + \frac{1}{3} = \frac{2}{3}$$

③ 言葉で分数のイメージを作る

「いくつに分けた、いくつ分」と言語化していく。　「$\frac{3}{5}$ は、5つに分けた3つ分」

手だてのポイント

分数の導入期は、分子と分母の概念を具体的にイメージできることが大切です。実践例では、操作経験を通じ、体験的に分数の概念を習得できるようにしました。「クッキーを3つに分けた2つ分！」などと言語化しながら操作することで、分数の考え方を確かなものにしていくことができます。そして分数の加減算は、イメージが合致しやすいように分離数での指導を展開しました。

（原 優里乃）

算数・数学であらわれる学習上の困難 ③　「計算」編

こんな○○で困っている子はいませんか？

足し算や引き算の"数え算"が抜けなかったり、筆算がうまくできなかったりして、正しく計算できないことがある

（1）足し算の繰り上がり、引き算の繰り下がりを"数え算"でする

　10のかたまりを使う繰り上がり・繰り下がりの方法が身につかないために、指や○を描いて操作したものを数えて答えを出しています。十進法が定着せず、大きな数になると間違いが多くなってきます。

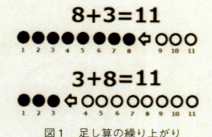

図1　足し算の繰り上がり

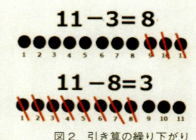

図2　引き算の繰り下がり

（2）筆算を間違えることがある

　九九は理解していますが、筆算では自ら視覚情報を整理することが難しいために、数字を書く場所がわからなくなり、正しく位取りすることに難しさがあります。また、小さい文字が書けず、繰り上がりの数と積を混同して計算してしまったり、繰り上がりの数を大きく書いてしまうために2位数の計算を別に行ってしまったりします。

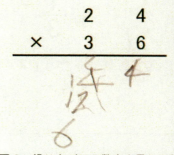

図3　繰り上がりの数字を足した例

（3）方程式の解を導く時に式の変形を間違えることがある

　正負の数や一次式の四則演算はできます。しかし（一元）一次方程式になると左辺と右辺、連立二元一次方程式になると2つの方程式のように、複数の関係性を頭で整理しながら解を導いていかなければなりません。そのため、図4のように右辺から左辺への移項で間違ってしまうことがあります（9を-9にしてしまうなど）。また、変形の過程や一方の文字を消去する時に、使用したい情報がわからなくなって間違えてしまうことがあります。

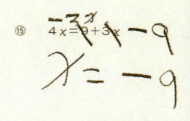

図4　どこまで計算したかわからなくなった例

なんでそうなるの？（背景をさぐる）

こうしたむずかしさの背景として考えられることには、主に次の点が挙げられます

① 物の数を集合数として見取ることが難しい。
② 10のかたまりや10の補数関係への意識が薄い。
③ 計算の全体構造がつかみにくい。
④ 一つずつの操作の意味と関係を意識していない。
⑤ 上肢・手指のまひや、動作の巧緻性の低さから作業に時間がかかるため、繰り返し演習する機会が少なく、習熟しにくい。
⑥ 位を整えて書くことが難しい。

など

手だての例として

順序良く繰り返そう

① 視覚情報を精選し、焦点化（色の使用、線の太さの変化等）を図り、重要な情報を見分けやすくして処理しやすくする。筆算を行う時は、計算の記入がしやすいようにマス目や罫線を活用する。
② 一つずつの計算の作業を、スモールステップでしっかり理解させるとともに、その関係をしっかりおさえながら、全体の作業をとらえていく。

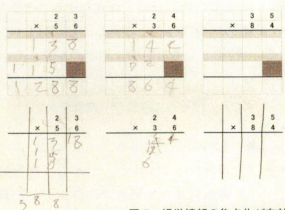

図5 視覚情報の焦点化が有効

さらに聴覚情報を活用し、計算の手順等を言語化し、計算順序を定着させる。
③ 算数・数学的な経験・体験を重視し、具体物操作や言語化を通して、イメージを作っていく。計算の概念を数の変化ととらえ、具体的活動（5や10のまとまりで数える、10の合成分解、ゲーム、生活の中の算数的活動など）を通してエピソードを含めた中で意識させていく。
④ フラッシュカードの活用や虫食い問題のドリル活動などを用いて、手早く繰り返し練習し、計算の習熟を図る。

など

（成田 美恵子）

単元07 算数・数学 くりあがりのある たしざん・ひきざん（小学部1年）

目標 繰り上がりのある加法、繰り下がりのある減法を10の補数関係を用いて計算することができる。

足し算や引き算は、指を使ったり、丸を書いたりすればできるんだ。
ぼくは数え算の名人なんだ。
でも数が大きくなると間違いが多くなったり、
計算に時間がかかっちゃう。
先生は「10のかたまりを考えて」って言うけど……
計算が難しくなっちゃうな。

この単元で見られるむずかしさ

- 10までの数の分解・合成をすることが難しい。
- 10の補数関係をとらえることが難しい。
- 3段階となる計算の手順がわかりにくい。

なんでそうなるの？（背景をさぐる）

- ものごとを順序立てて取り組むことが得意な子どもは、順序数としての数概念が身につきやすい。しかし、複数のことを同時に行うのが苦手な子どもは、全体を見渡して処理をする集合数を難しく感じる。そのため、数の分解・合成のイメージが苦手で、10を補数関係でとらえられない。
- 繰り上がり、繰り下がりともに、3段階の数の操作（次頁　手だての実践例③参照）がいることで混乱することが計算を難しくしている。

手だての例として

- 視覚情報を精選し、焦点化を図り、重要な情報を見分けやすくして処理しやすくする。
- 計算の作業の手順等を言語化し、計算順序を定着させる。
- 具体物操作をする際に、数の変化を5や10のまとまりで数えるようにする。
- フラッシュカードで繰り返し練習し、計算の習熟を図る。

手だての実践例

① 10までの数の分解・合成ができる

10までの数を集合数としておさえ、イメージする力が必要である。2, 3, 4, 5のかたまりを基に「5と3で8」というように、6, 7, 8, 9のイメージを作っていくことが大切。分解・合成はフラッシュカードでの練習を通して習熟できる（図1）。（単元5「10までのかず」を参照）

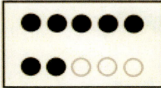

図1　7は4と3

② 10の補数関係をとらえる

タイル10個を1本の棒で表現すると長いので見取りづらい。5のかたまりは見てすぐに把握しやすいため、5を基本に考え10のイメージを持たせる（図2）。フラッシュカードや10ババ抜きなどのゲームで補数関係を習熟させる（写真1）。

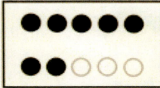

図2　7と3で10

○10ババ抜き……足して10になるカードをペアで出していくババ抜き。例えば、1と9、2と8、3と7などの組み合わせで場にカードを出せる。

③ 3段階となる計算の手順を習熟する

繰り上がりは、片方の数を2つのさくらんぼのように分解し10を作る（図3）。繰り下がりは10を作ってから分解する（図4）。言語化、順序化して提示し、繰り返し練習して習熟を図る。

写真1　10ババ抜き

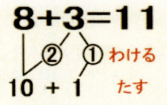

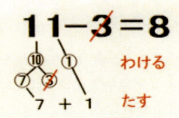

図3　繰り上がりで10を作る　　図4　繰り下がりで10を分解する

手だてのポイント

十進法の基本となる10のかたまりを集合数としてとらえ、その補数関係をしっかりおさえることが肝要です。さらに、計算手順を明確化し言語化して操作するとともに、繰り返し練習させ身につけることが大切です。

（佐藤　孝二）

| 単元 08 算数・数学 | **2けたのかけざん**（小学部3年） |

| 目　標 | 筆算を用いて2位数に2位数をかける乗法の計算の仕方を理解し、活用できるようにする。 |

九九は暗記しているけど、答えをどこに書けばいいのかな？
書かなくちゃいけない数字がたくさんあるけど、
数字をそろえて書くのが難しい。
筆算では1つの問題にたくさん数字を書かないといけないから、
とっても時間がかかるよ。

この単元で見られるむずかしさ

・位をそろえて数を書くことが難しい。積を書く場所がわからなくなる。
・積と繰り上がりを区別して書くことが難しく、計算の過程で必要な数がわからなくなる。
・計算をどこまで進めたのかわからなくなる。
・ドリル学習ができず、学習が定着しにくい。

なんでそうなるの？（背景をさぐる）

● ものを見てとらえることが苦手なため、位を整えて数を書くことが難しい。また、巧緻性の低さから文字を小さく書くことが難しく、繰り上がりの数と必要な積を区別して書くことが難しい。
● 複数のことを同時に行うことが難しいため、積を記入している間にどの数とどの数をかけたのかわからなくなることがある。
● 上肢の動かしにくさから文字を書くことに時間がかかるため、たくさんの問題をこなすことができず、習熟しにくい。

手だての例として

● 視覚情報をマス目や補助線で整理できるようにする。
● 計算の作業の手順等を言語化し、計算順序を定着させる。
● 虫食い算を活用し、問題をたくさんこなすことにより習熟を図る。

手だての実践例

① **マスのある計算用紙を使用する（図1）**
　ア　積と繰り上がりを記入する場所を、色やマスの大きさを変えることで明確に区別できるようにする。
　イ　2位数の計算に移った時に、数を記入しない場所を黒く塗るなどして明確にわかるようにする。

② **手順をわかりやすい言葉で言語化する**
　ア　「かけ算　初めの注目　一の位」
　イ　「下と　上の　一の位をかけよう」
　ウ　「繰り上がりは　小さい箱に」
　エ　「次のかけ算相手は　上の段の十の位」
　オ　「使った繰り上がりは　さようなら」
　カ　「かける相手がいないなら　次のけたに移ります」
　キ　「黒いところは　書かないよ」

③ **自分で数字と数字の間に線を引けるようにする**
　あらかじめ手だてを講じるだけでなく、自ら学習しやすい環境を作り出せるような指導を行う（図2）。

④ **虫食い算を利用して習熟を図る**
　手順に沿って解き進められるよう、学習の初期段階では繰り上がりなども記入しておく（図3）。

図1　マスのある計算用紙

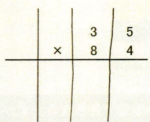
図2　数字の間に線を引く

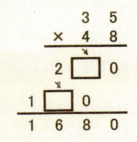
図3　虫食い算の例

手だてのポイント

　見てとらえたり整理したりすることが苦手な子どもは、はじめにどの数に注目するか、積はどこに書けば良いのか等、方法を手順に沿ってスモールステップで示すことで、「自分にも計算ができる！」と実感できるようになります。そのため、手順をわかりやすい言葉で言語化すること、数を書く場所がわかりやすいマス目を使う手だてを準備しました。最終目標はマス目のない用紙で筆算できるようになることです。罫線を引く工夫が自分でできようになることも指導に取り入れていくことが大切です。

（成田　美恵子）

単元 09 算数・数学　連立方程式（中学部2年）

目標　加減法による解の導き方を学び、その方法で解を導くことができる。

連立方程式って、一次方程式にすることが大切って言うけれど……一次方程式を解く時に、頭の中がごちゃごちゃになっちゃう。移項したり、同じ数字で割ったりするのが難しいんだ。

この単元で見られるむずかしさ

・説明を聞いている時は理解しているが、いざ問題に取り組むと計算の途中で何に取り組んでいるかわからなくなる。

なんでそうなるの？（背景をさぐる）

- 教科書・板書・口頭で説明されている要点は理解しているが、その計算手順を自分で整理することができない。そのため、加減法の全体構造をつかむことができない。
- 連立方程式を解く際に必要な、最小公倍数、一次方程式の学習を習熟していないことがある。これらの既習事項の計算を間違えてしまうことが多い。
- 上肢・手指のまひや、動作の巧緻性の低さから作業に時間がかかるため、繰り返し演習する機会が少なく、習熟しにくい。

手だての例として

- 視覚情報を精選し、焦点化を図り、重要な情報を見分けやすくする。
- 計算の作業の手順等を言語化し、計算順序を定着させる。また、課題をスモールステップで示し問題の細分化を行う。

手だての実践例

① **手順の言語化**

連立方程式（加減法）の手順を、「揃えて」→「消して」→「解いて」→「代入」のように言語化する。1つの手順をしっかりおさえてから各条件に応じた計算方法を習得させる。

② **スモールステップ**

「一方の式の文字（x）の係数に1がある場合」の問題では、解く過程で、文字（y）の係数が「1」、「1でない正の数」、「負の数」のように「問題レベルの細分化」を行う。

$$\begin{cases} x+y=5 \\ 3x+2y=11 \end{cases} \Rightarrow \begin{cases} x+2y=5 \\ 4x+3y=15 \end{cases} \Rightarrow \begin{cases} 4x+3y=15 \\ x+2y=5 \end{cases}$$

↓筆算　レベルUP　↓筆算　レベルUP　↓筆算

$$\begin{array}{r} 3x+3y=15 \\ -)\ 3x+2y=11 \\ \hline y=4 \end{array} \qquad \begin{array}{r} 4x+8y=20 \\ -)\ 4x+3y=15 \\ \hline 5y=5 \end{array} \qquad \begin{array}{r} 4x+3y=15 \\ -)\ 4x+8y=20 \\ \hline -5y=-5 \end{array}$$

③ **ワークシートの工夫**

式同士の間隔がつまっていると、行の読み間違いと計算ミスを生じやすい。そこで、行間や字間を空けたワークシートを用いる。以下は、実際には行間を25～35行に編集して使用した。
計算手順のイメージ化を図るために、はじめは穴埋め式のワークシートを用意し、段階を追って記述形式に変更した（手だてや配慮の解除）。

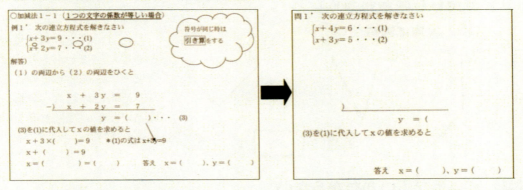

手だてのポイント

連立方程式を解く場合には、解答の流れから外れないように「揃えて」→「消して」→「解いて」→「代入」という一連の流れについて、手順の言語化をすることが大切です。また、問題に対するつまずきを明確にし、未定着部分などを的確に指導する「スモールステップ」が大切です。

（類瀬 健二）

算数・数学であらわれる学習上の困難 ④　「量概念」編

こんな○○で困っている子はいませんか？

長さ、広さ、大きさなどの量感がとらえづらく、比較することが苦手

（1）どっちが長いかわからない

Q1. アとイは、どちらが長い？

Q2. 比べ方で正しいものは？

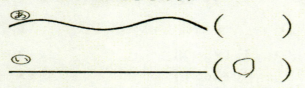

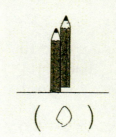

長さを比較する時に、見た目だけで比較することに難しさがあります（Q1）。また、比べる基点を持っていないことが見られます（Q2）。比較する長さが曖昧に見えているため、一つ一つを比べたり、イメージしたりすることが苦手です。

（2）直角90度がわからない

Q3. 直角は何番？

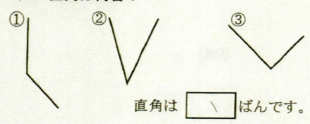

直角は　＼　ばんです。

見た目だけで直角を見つけることが難しいことがあります（Q3）。角度の広さをとらえることが苦手で、そのため直角三角形、ひし形などの図形の選択が難しいことが見られます。

（3）どっちが広いかわからない

Q4.「あか」と「くろ」はどっちが広い？

（わからない）

Q5. 広さに違いはありますか？

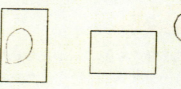

左の図が広い
右の図が広い
どちらも同じ広さ
わからない

広さを視覚的に比べることに難しさが見られます。比較対象がわからなかったり（Q4）、同じ広さであっても、縦と横を変えると広さがわからなくなったりすることがあります（Q5）。

なんでそうなるの？（背景をさぐる）

こうしたむずかしさの背景として考えられることには、主に次の点が挙げられます

① 形の恒常性に気づきにくい。
② 直線や角を見取ることが難しい。
③ 視野が狭かったり、視界の中に見えにくい部分があったりする。
④ 長さ、広さ、角度などの量感を感じ取れない。
⑤ 全体をつかんで比べることが難しい。
⑥ 全体と部分の関係を把握することが難しい。
⑦ 見通しを持った推論をすることが苦手。
⑧ 上肢・手指の動かし方がうまくできない。
⑨ 量を操作する経験が少ない。

など

手だての例として

数に変えて、数えてみよう

① 量を数値化する。
② 情報量を調整したり、基準を作ったりして、視覚情報の精選と焦点化を図る。
③ 運動や触覚など視覚以外の感覚を活用し、動作化、順序化を図る。
④ 声に出して数えたり、言語的手がかりを用いたり、キーワードを作ったりして聴覚情報を活用する。
⑤ 具体物を操作したり、エピソードとして覚えたりする経験・体験を重視する。

など

（岡本 義治）

単元 10 算数・数学　長さくらべ（小学部1年）

目標　ものの長さを比較する活動を通して、量とその測定についての理解の基礎となる経験を豊かにする。

えんぴつの長さは端をそろえて比べられるよ。
でもはがきの縦と横を比べようと言われても、
縦と横ってどこのこと？
「カップの周りの長さ」ってどこのことを言ってるの？

この単元で見られるむずかしさ

・どこを比べて良いのかとらえられていない。
・身近にあるものの縦や横、周りなどの長さをうまくとらえられない。

なんでそうなるの？（背景をさぐる）

● 具体物からある要素（長さ）に注目して抽出してとらえることが難しい。認知特性として見てとらえる視覚認知能力が低いため、具体物から長さを抽出することに難しさがある。
● 上肢操作の不自由さや四肢の運動マヒ等（運動障害）があるため、経験不足からイメージが持ちにくく、量的感覚が身につきにくい。

手だての例として

● 情報量を調整したり、順序性を用いたりして、視覚情報の精選と焦点化を図る。
● 運動や触覚など視覚以外の感覚を活用し、動作化、順序化を図る。
● 具体物を操作したり、エピソードとして覚えたりする経験・体験を重視する。

手だての実践例

① 長さ比べの前段に「長さをみつける」段階を入れる
   ア　「始めと終わりがある」（始め：赤シール、終わり：青シール）（写真1, 2）
   イ　指でなぞる
   ウ　長さをみつける（線を描く・紙を折る）
   見る基準を明確にし、手順に従うことで、長さを見つけやすくする。見つけた長さを指でなぞり、触覚や運動の感覚を伴わせる。

写真1

② 「長さをみつける」→「長さ比べ」→「比べにくいとき」という学習の流れを作る
   長さ比べで戸惑っている子どもに対し、どの段階でつまずいているのか、学習の流れ（順番）を作ることで把握しやすくなる。どこでつまずいているのかをチェックし、指導する。

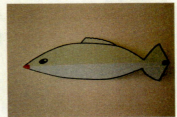
写真2

③ 手や腕など自分の体を使って、長さを体感できるように工夫する
   縦と横、高さ、周りなどの長さを自分の体にあてはめてみることで、自分の体と関係づけて長さを理解できる（写真3）。

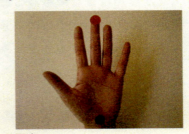
写真3

手だてのポイント

　「見る基準を明示する」「順番を提示する」「視覚のみに頼らず、触覚や言語化を活用する」という三つの指導方針を持ちました。「長さくらべ」では、視覚情報を焦点化した教材を提示して順序化、言語等による学習を展開し、さらに聴覚情報の活用や運動や触覚を伴わせることで、長さの概念を意識させることが大切です。

（村主　光子）

単元 11 角（小学部3年）
算数・数学

| 目 標 | 角の大きさについて理解し、測定することができるようにする。 |

角度が大きいとか小さいとかよくわからない。
それに分度器をどこにどうやって合わせていいかも
わからないし、目盛りも細かくて、
たくさん書いてあって読めないんだ。

この単元で見られるむずかしさ

- 大まかな角度を見積もることがうまくできない。
- 測定する角の頂点や辺に、分度器の中心や0°（0度）の線をうまく合わせられない。
- 分度器の細かい目盛りが読み取れない。

なんでそうなるの？（背景をさぐる）

- 角の構成要素（辺・頂点）がわからないことがある。頂点や辺などを分けてとらえることが苦手。
- 角の量感を感じ取れていないことがある。見ることだけでは、角の大きさがとらえられないことがある。
- 視覚情報の量が多いと処理できない。分度器の合わせ方や目盛り、角の大きさなど、複数情報から必要なものを抽出することが難しく目盛りが読み取れないことがある。また読み取るのにも時間がかかる。

手だての例として

- 情報量を調整したり、基準を作ったりして、視覚情報の精選と焦点化を図る。
- 運動や触覚など視覚以外の感覚を活用し、動作化、順序化を図る。

手だての実践例

① 量感を意識しながら操作しやすい道具、測定しやすい道具の工夫

角の構成要素（辺・頂点）を色分けしたもので具体物操作をしたり、角を測定したりする（図1）。色は習得状況に応じて段階的に統一していく。

コントラストのついた分度器を使用したり、目盛りの情報量を塗りつぶして減らしたりする（写真1）。

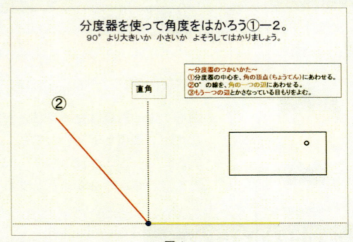

図1
構成要素を色分けした課題プリント

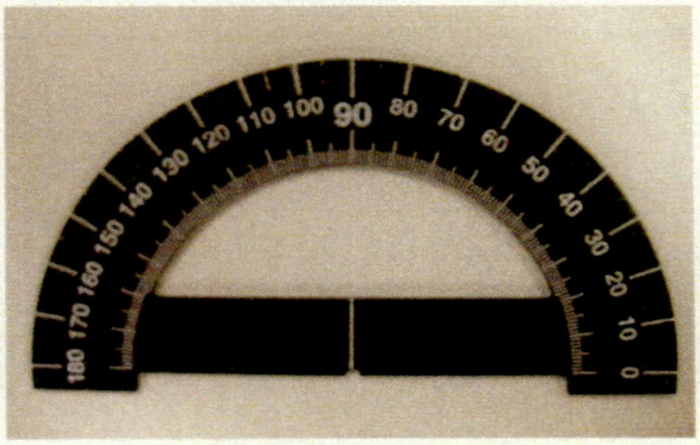

写真1
目盛りを一部塗りつぶした白黒反転分度器

② 自分の体や色分けした辺や頂点など、基準を意識した具体物操作や測定の指導

測定の前にプリントの位置（向き）を確認する。自分の体を基準にして対象をとらえられるようにする。色分けした辺の一つを基準にして、もう一つの辺を操作し、角の広がり（量感）について確認しながら進めることで、実感を伴う体験ができるようになる。

手だてのポイント

複数の視覚情報を整理することや操作することが苦手な子どもが量感を感じ取るには、「実感を伴う操作」が有効です。また、体とプリントの位置を確認させたり、辺と頂点を色分けしたりすることで、対象をとらえる・測る・比べるための基準ができます。これらを段階的に進めていくことで、色分けしないものでも学習ができるようになると考えられます。

（杉林　寛仁）

単元 12 算数・数学
面積の広さ（小学部4年）

目標 面積の単位や測定の意味を理解して、面積を求める能力を伸ばし、面積の概念をとらえられるようにする。

図形・量の言葉は覚えることができるよ。
だけど、頂点って言われても、どこのことか迷っちゃう？
広さ…形…どこが違うの？　同じなの？
重ね合わせようとすると、ずれちゃうんだよ。

この単元で見られるむずかしさ

・身近にある物の形から面積を抽出する手がかりが見いだせない。

・面積を比較することがうまくできない。

・量感をとらえることが難しく、見た目だけでは面積をとらえられない。

なんでそうなるの？（背景をさぐる）

- 形を抽出することが苦手。見ただけでは、どこからどこまでを面積として求めるかがうまく見取れない。
- 面積をとらえる観点は、視覚を通した比較や推論が多くなる。これらの観点から作られた教科書やワークシートだけでは、必要としている部分に注意を向けることがうまくできない。
- 量感覚をとらえることが難しい。量感覚を豊かにすることは、「量と測定」領域の大きな目標の一つ。計算によって面積を求めることはできるが、様々な経験の不足や見取りづらさによって、量を感覚的にとらえることに苦手さを感じる子どもがいる。

手だての例として

- 面積の広さを数値化する。
- 運動や触覚など視覚以外の感覚を活用し、動作化、順序化を図る。
- 具体物を操作したり、エピソードとして覚えたりする経験・体験を重視する。

手だての実践例

① **面積を見つける：触ろう**

見ている場所、面の形を意識づけるために、指でなぞり触覚を活用して面積を「見つける」ことを実感する（写真1）。次に、面積の形を触覚から視覚へと情報を整理する。

写真1　面積を触って感じる教材

② **意味づける：言葉にしよう**

視覚情報を整理するため、触ったことを言葉で表す。例えば、始まりを「スタート」、終わりを「ゴール」とし、枠内＝面積という意識を持たせて形を明確にする。また、キーワードを言いながら、わかりやすく示すことも有効。測定の時に、「縦、横、面積」と手順をキーワードで唱え、縦と横を意識づける。

③ **面積を把握する：動かして、数えよう**

見取ったものを表すことにも課題があるため、運動感覚を活用し面積の広さを経験させる。例えば動かせる教材を活用すれば、たくさん置けるほど広いことが実感できる。また、置いた数で広さが示されることに気づくことは、普遍単位の意味を理解する手がかりとなる（写真2）。

写真2　動かせる教材

手だてのポイント

　面積の広さがなかなか身につかない時、いろいろな面積の計算問題を解かせる姿を目にします。これにより、面積の計算はできるかもしれません。一方で、量の感覚を豊かにして面積の広さをとらえるには、はじめから抽象化された公式を用いるのではなく、具体物を用いて、作業的な活動を取り入れることが必要です。生活に生きる算数のために、面積の概念の基礎をきちんと身につけられる工夫が大切です。

（岡本　義治）

算数・数学であらわれる学習上の困難 ⑤　「表・グラフ」編

こんな○○で困っている子はいませんか？

縦軸・横軸から表の意味をとらえることが難しく、グラフを読むこと、描くことにも難しさがある

（1）靴箱の位置がわからなくなってしまう

　縦と横について理解不十分です。「何段目、何列目」というように縦軸と横軸で見る見方に難しさがあります。
　大きく全体を見渡して、縦と横の両方を見ながら位置を特定することが難しいのです。

	1	2	3	4	5 れつ
三だんめ	りか	はやと	あかね	じろう	ゆみ
二だんめ	けんご	かな	つばさ	よしこ	たろう
一だんめ	さちえ	こうき	あおい	こうじ	はなこ

①二だんめの3れつめは、だれのでしょう。

　はやと

（2）表の意味が良くわからない

　縦と横の条件が重なった条件になることを理解しにくく、一つのマスを縦と横の両方向から見ることに難しさがあります。

児童	男の子	女の子	合計
3年1組	16	17	33
2組	17	15	32
3組	15	あ	33
合計	い	50	う

もんだい
あは、なんの人ずうですか？

　女の子

（3）座標点を正確にとることが難しく、グラフがうまく描けない

　直線を目だけでたどりながら見ていくことができず「線を引かないとわからない」と言いながら座標点をとっていた例です。点（5．7）はずれてしまい、点（8．-3）は-3をx軸にとってしまっています。

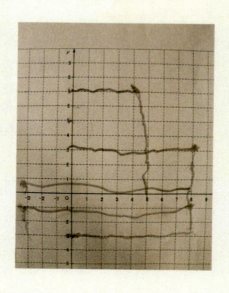

なんでそうなるの？（背景をさぐる）

こうしたむずかしさの背景として考えられることには、主に次の点が挙げられます

① 見ているものの図と地の区別がつきにくい。
② 直線の傾きや方向が見取りにくい。
③ 視野が狭かったり、視界の中に見えにくい部分があったりする。
④ 斜め線が見取りにくく、描きにくい。
⑤ 長さ、広さ、角度の量感を感じ取りにくい。
⑥ 全体像や全体の変化がとらえにくい。
⑦ 一つずつの構成要素の認識や二つの要素の関連性をとらえることが苦手。
⑧ 上肢・手指の動作のまひ、巧緻性の難しさがある。
⑨ 視覚と運動の協応性に難しさがある。

など

手だての例として

縦横、端から順番に

① 視覚情報量を減らし、焦点化（色の使用、太さの変化、注視点等）を図る。
② 縦と横に分けて考えたり、部分部分の関係から全体へとつなげていく。
③ 運動や触覚など視覚以外の感覚を活用し、動作化、順序化してイメージを作りやすくする。
④ 作業を言語化、順序化し、変化の数値化とともに関係性をとらえ、作業手順の定着を図る。
⑤ 算数・数学的な経験・体験を重視し、具体物操作や言語化を通してイメージを作っていく。日常の生活に関わるものや、関心興味を持つ内容について表やグラフを用いて表現し、数の変化と関係をとらえさせる。具体的活動やエピソードを通して、表・グラフを読み取り、描く力を養う。
⑥ 動作性の困難に対して補助具や代替機器（ＰＣ）を使用する。

など

（佐藤 孝二）

単元 13　なんばんめ（小学部1年）
算数・数学

| 目標 | 位置や方向を表す言葉とあわせて、順序数を用いて位置を表すことができる。順序数と集合数の使い方の違いについて理解する。 |

いくつあるか数えることはできるよ。
でも、前後、左右などを表す言葉が出てくると間違えちゃうんだ。
場所を表現することが難しいんだよ。
「前から3番目」と「前から3人」の違いがわからないんだ。
数字がこんがらがって、正確に使うことが難しいんだよな。

この単元で見られるむずかしさ

・前後、左右、上下、縦横などの位置や方向を表す言葉の概念を理解しにくい。
・順序数と集合数の概念が理解しにくい。

なんでそうなるの？（背景をさぐる）

- 視野が狭く見えにくい部分があったり、空間の位置関係がとらえにくかったりするので、位置や方向を表す言葉の概念を形成することが難しくなってしまう。
- 同時に複数のことを行うのが苦手なことから、全体を見渡して情報処理することが難しく、全体から見たそのものの位置がとらえにくい。
- 縦横あるいは上下左右というように、二つの視空間の方向から位置を規定することが難しい。

手だての例として

- 視覚情報の焦点化（色の使用、太さの変化、注視点等）を図る。
- 縦と横に分けて考えて全体へとつなげていく。
- 作業を言語化、順序化し、変化の数値化とともに関係性をとらえ、作業手順の定着を図る。

手だての実践例

① 「右から何番目」「左から何番目」

子どもの興味をひく絵カードを、横（もしくは縦）に並べる。左右、前後などの方向を示し、その方向から何番目かで位置を表しながら、神経衰弱を行う（写真1）。

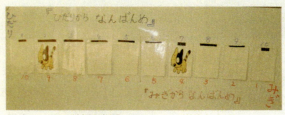

写真1　1列神経衰弱

② 「あの3番」「うの5番」

行と列を意識できるように縦軸を平仮名、横軸を数字にして、カードを配列し神経衰弱を行う。縦と横に目を向けさせ、全体からの位置の把握と、表現方法の学習を行う（写真2）。

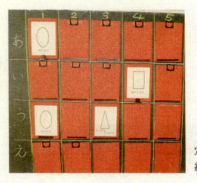

写真2　縦横神経衰弱

③ 1ならべ

「7並べ」を1から並べるゲームを行う。トランプの種類に応じてそれぞれ並び方があることを学習する。参加人数も考えてルールを変える必要がある。「3並べ」「5並べ」「1と10並べ」など目的に応じて様々なゲームが考えられる（写真3）。

写真3　1ならべ

手だてのポイント

方向や位置を示す時は、まず「何の前」「何の右」「何から何番目」というように「何の」という基準点（あるいは基準線）が必要です。基準点をしっかりおさえた後、位置を示す番号として順序数が現れます。縦横を見やすく示したり、位置の表し方を順序化したり、言葉で説明したりすることで、位置の概念が理解しやすくなります。

（佐藤　孝二）

単元 14 表とグラフ （小学部4年）
算数・数学

| 目 標 | 身の回りにある事象をもとに、目的に応じて資料を分類、整理し、わかりやすく表にあらわしたり、それらを読んだりする。 |

表とグラフって何が違うの？
表の数字を黒板の通りに書いていくと、書いているうちに場所がわからなくなるんだ。一番多いのと一番小さいのはわかるよ。でも、どれだけ違うかはわからない。

この単元で見られるむずかしさ

・表の良さである「一目で結果がわかる」という特徴をつかみづらい。
・一次元の表はわかるが、二次元の表になると書かれている数字の意味を読み取ることが難しい。
・表とグラフで、軸の使い方の違いを意識しにくい。
・グラフの中の数量の差を比較することが難しい。

なんでそうなるの？（背景をさぐる）

● 表は、数量情報を取り入れて作成するため、情報量が多くなる。そのため、どこに注目して良いかわからなくなる。
● 全体を見渡して、縦と横の両方を見ることが難しい。
● 表とグラフは同じ単元で扱われているが、表は軸の中に数量を示し、グラフは主に軸の交差点で数量を示す。この違いを意識できないことがある。
● 見た目でグラフの量を比較することが難しい。

手だての例として

● 視覚情報を焦点化（色の使用、太さの変化、注視点等）する。
● 縦と横に分けて考えたり、部分部分の関係から全体へとつなげていく。
● 作業を言語化、順序化し、表とグラフの関係性をとらえさせる。

手だての実践例

① 視覚情報量を整理する：見やすくしよう

表が見やすくなるように、横軸には色をつけ、縦線は太線で示す。また、質問の場所を目立たせ、注視できるようにする（図１）。

	りんご	はた	お花	合計
赤	8	12	5	25
青	5	8	7	20
黄色	0	?	10	26
合計	13	36	22	71

図１　色づけして見やすくした表

② 部分から全体へ：縦、横、順番に

表を全体から見ていくのではなく、「縦、横」に分けて見ていけるようにすることで、表に示された位置を明確にしていく。このように、表を見る時の作業を順序化して、基準点から「縦２　横３」の場所のように順番に見ていけるようにする。表の見方を定着させる時には、神経衰弱などのゲームを図２のような表の中に入れて、順序化して見ていく練習をする。いつも決まった見方（縦→横の順序化）ができるようになることで、全体の中での示された位置がわかるようになる。

たて＼よこ	1	2	3	4	5
1					
2					
3					
4					
5					

図２　ゲームで用いる表

③ 表とグラフの指導計画を分ける：表とグラフは別のもの

表は、縦横から見たマス目の中に数量が示される。一方、グラフは縦軸と横軸で数量を示す。手順をパターン化することは有効な手だての一つとなるため、指導を分けて計画し、最後に表からグラフへと移行する。

④ グラフを数字で表す：言葉に直して見つめよう

棒グラフや線グラフでは、量の関係や大きさを全体から見て読み取ることが難しいため、グラフの数量を一度言葉に直して大きさを比べる。この言葉を数字に戻してから、グラフの数量を再度見ることで大きさを比べる。

手だてのポイント

表やグラフは、数量の情報を集めることで、見ただけで結果がわかるようにしたものです。しかし、視覚情報の整理が難しい子どもは、大きく全体を見渡して読み取ることが苦手です。そこで、情報を色などで整理し、部分から全体へ、順序立てて広げていくようにします（順序化）。また、見た目でグラフを読み取るのではなく、数量を言語化して示していくことが大切になります。

（岡本 義治）

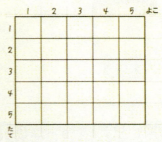

単元 15 算数・数学　2次関数の最大・最小（高等部1年）

| 目　標 | 2次関数の値の変化についてグラフを用いて考察し、最大値や最小値を求めることができる。 |

最大値・最小値を求めようとしても
xの変域とyの変域が混乱して、
どうしたら良いのかわからなくなってしまうんだ。

この単元で見られるむずかしさ

・グラフの向きや頂点の座標、軸の位置など、複数の情報を関連づけて、その関数の特徴をつかむことがうまくできない。
・ある閉区間に着目して、大小関係や変化の様子などを量感を伴って連続的に読み取ることが難しい。
・端点もしくは頂点のどちらかの情報を見落としてしまう。
・x座標からy座標の変域の見方を自分で切り換えることが難しい。

なんでそうなるの？（背景をさぐる）

● 直線及び曲線の位置や方向が見取りにくい。
● 全体像や全体の変化をとらえることが難しく、一つずつの構成要素の認識や二つの要素の関連性をとらえることが難しい。
● 視覚と運動の協応性に難しさがある。

手だての例として

● 視覚情報量を減らし、焦点化を図る。
● 縦と横に分けて考えたり、部分部分の関係から全体へとつなげていく。
● 作業を順序化し、作業手順の定着を図る。
● 動作性の困難に対して補助具を使用する。

手だての実践例

① **放物線を描いた透明シートの準備**

　$y = x^2$ や $y = 2x^2$ など、放物線を描いた透明シートをあらかじめ準備し（写真1）、座標平面上に重ねてグラフを置けるようにする。

② **情報の精選（xの変域）**

　グラフの左右両側に自分で紙などを置き、xの変域以外の情報をカットする。縦横が混乱しないように、xの変域は"ドアのすき間からのぞいて見る"イメージを持たせると良い。

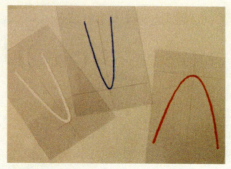

写真1　放物線を描いた透明シート

③ **情報の精選（yの変域）**

　鉛筆や割り箸などをx軸と平行に持ち、上下にスライドさせてyの変域を読み取る。yの変域については、"水位"や"地面"などの例でイメージさせると良い（写真2）。

④ **最大値・最小値を明確にとらえる**

　必要であれば注視点（頂点と両端の点）に印をつけさせ、最大値・最小値を明確にとらえられるようにする。

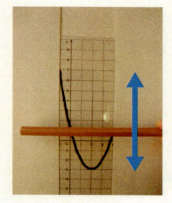

写真2　上下にスライドしてyの変域を見る

手だてのポイント

　グラフを読み取る作業を順序化し、最大値・最小値の意味を理解してから解法を定着させることが大切です。最大値・最小値が状況によって異なることが理解できたら、解法をパターン化して定着させます。

　例えば、$y = (x - 2)^2 - 3 \ (-1 \leq x \leq 4)$ のように、頂点が区間に含まれる場合は、次の3点について調べることを定着させます。

　　　端点（－1．6）　　頂点（2．－3）　　端点（4．1）

これら3点のyの値を比べて、最大値・最小値を答えられるようにします。頂点が区間に含まれない時は、端点の2点を比べることで解決します。

（木村　理恵）

Column 3

活動の目的に応じた移動手段の選択（移動方法の選択）について

　肢体不自由のあるお子さんの移動手段は、独歩、杖歩行、歩行器、車いす……など複数あります。そうした移動手段を用いた中でも、移動が一人で可能か、部分的に介助が必要かということも関係して、移動方法は様々です。

　移動方法は、子どもたちがスムーズな学校生活を送るために、一人の子どもでも「複数の方法を目的に応じて使い分ける」ことがとても大切です。複数の方法とは、独歩と車いすの併用や移動を自力で行うか介助を有効に活用しながら行うかということを含んでいます。

　また、学校生活に必要な移動は、教室の中、教室とトイレ間、教室と特別教室（音楽室、体育館など）間、校庭などでこぼこした土の上での移動、階段の昇降など、距離や路面の状態など必要な場面ごとに様々です。そしてそれらの移動は、おおよそ業間5分程度の時間で授業準備等とあわせて行う必要があります。これらは、主に次の授業に参加するための移動ですが、学習活動においても移動が必要な場面があります。生活科の町探検や理科の観察、社会科の調べ学習などでは、移動しながら聞き取ったり、メモしたりすることが必要となります。

　教室間の移動では、ゆっくりであれば独歩で移動ができるという場合でも、時間を短縮させることを優先し、独歩ではなく車いすを使用して介助で移動することで、移動した先での授業にきちんと間に合うようにする、という方法も選択肢として挙げられます。また、移動を伴う学習に参加するための方法として、車いすを使って移動とメモを取るなどの複数の活動をよりスムーズに行うということも考えられます。

　移動の目的を確認した上で、どの方法を選択するかということを繰り返すことで、いずれ子ども自身がその場面に必要な移動方法を選んだり、そのために必要な介助を依頼したりすることができるようになることにつながる体験が積み重なると考えます。

通常学級の支援でも個々の状態は違いますが、様々な工夫をしながら学校生活を送っている子どもたちと出会います。子どもたちは、生活の中で日々こなさなくてはならないことがたくさんあります。それらの何をどこまで一人でやって、どこを援助してもらうかのあんばいは、学校の設備や介助者の有無だけでなく、学年や学級の集団、学習の内容などによっても少しずつ変わってきます。その子どもがスムーズに学校生活を送るために必要な工夫は何か？　介助を有効に利用することで移動方法を工夫した例を紹介します。

　通常学級に在籍する脳性まひの5年生のA君は、一人で歩くことができます。少しふらついてしまうことがあるため、バランスをとりながら歩いたり、教室内では時々机などにつかまったりしながら移動をしています。階段も手すりを使って一歩一歩、ゆっくりであれば一人で昇降できます。
　それまでは、一人で時間をかけて移動を行ってきましたが、学年が上がるにつれて教室間移動の回数が増え、特別教室への移動の際には、教科書と楽器や絵の具などの複数の用具類も持っていくことが必要とされるようになりました。一人で用具を持ち、教室移動をすることで移動のスピードがさらに遅くなり、授業の開始に間に合わなくなることが増えてしまったのです。
　担任の先生は、5分程度の限られた時間の中で、次の授業に間に合うように移動するため、音楽室への移動の際、荷物を運ぶことを友達に頼んでやってもらうよう提案しました。「できることは自分でやる！」というがんばりやのA君も、最近授業に間に合わないことが増えていたことを気にしていたところだったので、それをやってみることにしました。音楽の教科書や笛などの用具は手さげかばんに入れて教室のロッカーに入れてあります。A君は、時間が間に合わないと思った時は、友達に「〇〇君、ロッカーから音楽の道具を運んでくれる？」と依頼し、移動の時間を少し短縮し、授業への参加がスムーズになりました。

（田丸　秋穂）

社会であらわれる学習上の困難　「資料活用」編

こんな○○で困っている子はいませんか？

1）地図を提示した時、位置（国・都道府県・市町村等）を見つけることができなかったり地図の表記を見分けることができなかったりする

地図は、空間的に広がる地形や景観を縮小して紙面にまとめ、一覧して特徴がつかめるよう工夫されています。しかし、文字や各種記号、線種、色分けなどにより多くの情報が書き分けられているため、必要な情報に目を向けることが難しいケースが見られます。例えば地名がなかなか見つけられなかったり、東京都がどこからどこまでなのか見分けられなかったりします。

（2）地図や表・グラフなどの統計資料を基に、実際の景観をイメージしたりくらしの様子と結びつけてとらえたりすることが難しい

身近な町の地図でも、空の上から見下ろした視点で描かれるため、日頃目にする実際の地形や景観を想像しにくいようです。さらに、地図情報は縮小されているため実際の距離感とのズレも生じ、イメージすることが難しくなります。また、統計資料の数値から、気候や産業などの特色をとらえて実際のくらしを考えることが難しいようです。

なんでそうなるの？（背景をさぐる）

複数の情報が複合的に盛り込まれている資料が多いため、情報の取り出しがうまくできずにいることが考えられます。また、次元の異なる情報の切り替えがうまくできず学習につまずいていることも考えられます。

（1）資料を読むこと

① 実際の事物を記号化して示すことの意味をとらえにくい。
② 記号や表記の違いの意味を区別しにくい（◎と○、実線と太線・破線、赤線と黒線、赤字と黒字、ゴシック体と明朝体、文字サイズ、彩色　等）。
③ 図と地の区別が苦手で、線で囲まれている部分を形として取り出せない。
④ 記号と文字がセットになって表示されている場合、文字情報の方に反応してしまう。
⑤ 部分と部分のつながりや全体像をとらえることが苦手。（県と県の位置関係や日本の国土全体の中での位置関係をとらえることに苦戦する。）
⑥ 提示された資料から、必要な情報を見つけて拾い上げることが不得意。

　　　　　　　　　　　　　　　　　　　　　　　　　　　　　　　　　　　など

（2）資料を基に実際の景観をイメージすること

① 経験が少ないため、学習内容と現実のこととが結びつきにくい。
② 記号化された事物を実物と結びつけていっても、景観の全体をイメージしにくい。
③ 市街地の広がりや人口密度など、概念的な情報を理解するのが苦手。

など

手だての例として

（1）資料を読むこと

① 必要な情報だけを明記した資料を用意する。
② 地図や資料を見る基準を明示する。
③ 基準となる場所に印をつけるなどして見やすくする。
④ 地形の特徴を言語化し、地図を見る基準にする。
⑤ 地図や資料を見る手順を言語化し、復唱させる。
⑥ 地図や資料を見る手順を固定し、繰り返し確認する。
⑦ 注目させたい情報だけを明記した資料を個別に読む練習をした後、2～3程度の情報を複合させた資料を提示し、視点の切り替えを練習する。

など

（2）資料を基に実際の景観をイメージすること

① 半具体物を使って間接イメージをつくる（立体地図を触って確かめる、写真や映像を提示する　等）。
② 注目させたい情報だけを地図や資料で確認した後、実地踏査に出かけ実物や景観と照合する。
③ 実地踏査で注目させる情報数を徐々に増やし、地域の特徴や景観の様子を言語化して確認する。

など

（西垣　昌欣）

単元 01 わたしたちの県の様子 （小学部4年）
社会

| 目標 | 自分たちの県（都、道、府）の主な産業の概要、交通網の様子や主な都市の位置について、資料を活用したり白地図にまとめたりして調べ、県（都、道、府）の特色を考える。 |

地図ってなんだかごちゃごちゃしていて、どうやって見たら良いのかわからないんだ。どれが道路でどれが川なの？田んぼや畑がどういうところに多いかって聞かれても、わからないよ。

この単元で見られるむずかしさ

・地図の必要な情報に着目して見ることが難しい。
・いくつかの情報を関連付けて考えることが難しい。
・地図全体を見て、駅の近くには商業地が広がっているなど、大体の傾向をとらえることが難しい。

なんでそうなるの？（背景をさぐる）

（1）資料を読むこと
- 実際の事物を記号化して示すことの意味をとらえにくい。
- 記号や表記の違いの意味を区別しにくい（◎と○、実線と太線・破線、赤線と黒線、赤字と黒字、ゴシック体と明朝体、文字サイズ、彩色　等）。
- 提示された資料から、必要な情報だけを拾い上げるのが不得意。

（2）資料を基に実際の景観をイメージすること
- 記号化された事物を実物と結びつけていっても、景観の全体をイメージしにくい。
- 市街地の広がりや人口密度など、概念的な情報を理解するのが苦手。

手だての例として

（1）資料を読むこと

- 必要な情報だけを明記した資料を用意する。
- 地図や資料を見る基準を明示する。
- 注目させたい情報だけを明記した資料を個別に読む練習をした後、2～3程度の情報を複合させた資料を提示し、視点の切り替えを練習する。

手だての実践例　●透明地図を活用する

■東京都の交通の様子だけが表されているシート

■東京都の土地の利用の様子だけが表されているシート

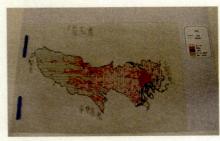

 重ねると

交通の様子と土地の利用の様子を関連付けて考えやすくする。

手だてのポイント

　地図の視覚的な情報量を制限するため、必要な情報だけを一枚の透明なシートに取り出します。そして、目的別に分けられた透明なシートを重ねていくことで、地図上の多量かつ複数の情報を、頭の中で処理しやすくします。また逆に、重ねた複数の地図から必要なシートだけを取り出すことで、たくさんの情報の中から必要な情報だけに注目して地図を見る練習にもつながることが期待できます。

（石田　周子）

単元 02 社会　わたしたちの県の様子（小学部4年）

目標　自分たちの県（都、道、府）全体の地形について、資料を活用したり白地図にまとめたりして調べ、県（都、道、府）の特色を考える。

「地図は上から見て作られている」っていうけど、それってどういうこと？
平らな地図から、高い土地や低い土地を読み取ってイメージするなんて、難しくて良くわからないよ。

この単元で見られるむずかしさ

- 視点を切り替えて地図を見ることが難しい。
- 山地や丘陵地といった地形をイメージしにくい。
- 地図（平面）から実際の景色（立体）をイメージしにくい。
- 地図全体を見て、西が高くて東が低いなど、大体の傾向をとらえることが難しい。

なんでそうなるの？（背景をさぐる）

（1）資料を読むこと
- 実際の事物を記号化して示すことの意味をとらえにくい。

（2）資料を基に実際の景観をイメージすること
- 経験が少ないため、学習内容と現実のこととが結びつきにくい。
- 記号化された事物を実物と結びつけていっても、景観の全体をイメージしにくい。
- 市街地の広がりや人口密度など、概念的な情報を理解するのが苦手。

手だての例として

（1）資料を読むこと
- 必要な情報だけを明記した資料を用意する。
- 地図や資料を見る基準を明示する。

（2）資料を基に実際の景観をイメージすること

● 半具体物を使って間接イメージをつくる（立体地図を触って確かめる、写真や映像を提示する　等）。

手だての実践例　　●立体地図を活用する

① 白い立体地図を用意する。

東京都を上から見たところ

東京都を横（南側）から見たところ

土地の高低を触って確かめることができる。白一色で作られているので、余計な情報に惑わされず、高低だけに着目しやすい。

② 立体地図を低地、台地、丘陵地、山地で色分けする。

上から見たところ

横（南側）から見たところ

白い立体地図で高低を確かめた後に色をつけることで、「土地の高さによって色分けされている」という記号の意味を理解しやすくする。

③ 平面の地図と結びつけ、地図の表記から実際の地形がイメージできるようにする。

色をつけた立体地図と平面の地図を見比べることで、地図の表記から実際の地形を想起しやすくする。また、一般的な地図は真上から見た様子を表しているということを理解しやすくする。

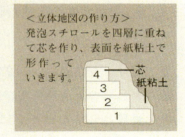
＜立体地図の作り方＞
発泡スチロールを四層に重ねて芯を作り、表面を紙粘土で形作っていきます。

手だてのポイント

　立体地図を活用することで、視覚だけでなく触覚を利用して地形のイメージが持てるようにします。立体地図を作成する際には、縮尺の幅を工夫すると、標高差がわかりやすくなります。また、立体地図を白くしておくことで、視覚的な情報が減り、高さや形に着目しやすくなります。その後、低地、台地、丘陵地、山地で色分けし、それを横や上など視点を変えて見ることによって、平面の地図での表し方を理解できるようにします。

（石田　周子）

単元 03 社会　世界の国々を調べよう（中学部2年）

| 目　標 | 地図から国の地理的特色を読み取る。 |

先生は「地図を見てわかることは何？」って良く聞くけど、地図ってなんだかごちゃごちゃしていて見るのが苦手だな。地名が書いてあればなんとか探せるけど、それだけじゃだめなの？

この単元で見られるむずかしさ

・地図から必要な情報を見つけることが難しい。
・地図に表されているものの位置や広がりに着目することが難しい。
・地図から読み取った情報をまとめたり関連づけたりして、地域の特色をうまく読み取ることができない。
・地図から読み取った情報を基に、実際の地形をイメージしにくい。

なんでそうなるの？（背景をさぐる）

（1）資料を読む

- 記号や表記の違いの意味を区別しにくい。
- 図と地の区別が苦手で、線で囲まれている部分を形として取り出せない。
- 記号と文字がセットになって表示されている場合、文字情報の方に反応してしまう。
- 部分と部分のつながりや全体像をとらえることが苦手。
- 提示された資料から、必要な情報だけを拾い上げるのが不得意。

手だての例として

（1）資料を読む

- 必要な情報だけを明記した資料を用意する。
- 地図や資料を見る基準を明示する。

- 地形の特徴を言語化し、地図を見る基準にする。
- 地図や資料を見る手順を言語化し、復唱させる。
- 地図や資料を見る手順を固定し、繰り返し確認する。

手だての実践例　●必要な情報だけを明記した地図を活用し、地図の見方を指導する

（「中国の自然」に関する地図の読み取りを例に。）

① 教材作成の工夫

地図にはタイトルを明記して何を表した地図かを明らかにするとともに、地図の周囲に枠をつけてどこまでが読み取る範囲かを明確にする。国境線を太く濃くして、国土の形をとらえやすくする。

地図に記載する情報は「中国の自然」に関する情報のみとし、情報量を制限する。

② 地図の見方の指導の工夫

ア　地図の全体像をとらえ構造を理解する

最初に地図のタイトルを見て、何を表した地図かをつかむ。また、地図中の記号や線が何を表しているのか（凡例）や、書かれている言葉の意味を丁寧に確認する。

イ　地図の中の部分的な情報を読み取る

見る基準や見ていく方向を設定し、書かれている情報を順を追って読み取っていく。生徒は「チベット高原がある」「黄河がある」などのように文字に着目した読み取りをすることが多いので、「高原はどこにある？」「川はどこからどこまで？」といった全体の中での位置や広がりに目を向けさせるような発問をして、全体的な視点から特色をとらえられるようにする。地図から気づいたことやわかったことは、方角を用いて言葉で表現させる。

ウ　部分的な情報をまとめて全体的な特色をつかむ

読み取った部分的な情報を板書で記録しておき、それらを関連づけたりまとめたりして、中国の自然環境の特色を確認する。

手だてのポイント

地図を簡略化するだけでなく、その地図をどう読み取るのかをあわせて指導することが重要です。地図を提示されると、地図中の部分的な情報に目が行きやすい生徒がいますが、その前にタイトルや凡例を確認して地図の構造をとらえておくと、その後の部分的な情報の読み取りもスムーズに行えます。全体→部分→全体という見方を手順化して繰り返し指導し、生徒自身に地図を見る方略が身につくようにすることが大切です。見方が身についてきたら、生徒の読み取りの力の段階や授業の目的に応じて、地図に記載する情報の種類や量を増やしていきましょう。

（松本　美穂子）

| 単元 04 社会 | 世界史の扉（高等部1年　世界史A） |

| 目標 | 世界史で扱う地図の読み方や西暦・世紀等の基礎知識を身につけるとともに、世界史への関心及び積極的に学ぼうとする意欲を持つ。 |

> どこまでがアジアでどこまでがヨーロッパなのか良くわからない。
> 西アジアってどのあたりだっけ？
> 小アジアって聞いたことがないよ。

この単元で見られるむずかしさ

・地図を提示しても、指示した場所を見分けることが難しい。
・日頃意識しない地理の区分に戸惑ってしまう。
・地理で学んだ知識等が定着していない。

なんでそうなるの？（背景をさぐる）

（1）資料を読む

- 記号や表記の違いの意味を区別しにくい。
- 図と地の区別が苦手で、線で囲まれている部分を形として取り出せない。
- 部分と部分のつながりや全体像をとらえることが難しい。

手だての例として

（1）資料を読むこと

- 必要な情報だけを明記した資料を用意する。
- 地形の特徴を言語化し、地図を見る基準にする。
- 地図や資料を見る手順を言語化し、復唱させる。

手だての実践例

■アジアとヨーロッパの境界（その1）

1 「まず日本を確認」
2 「向かいに広がるユーラシア」
3 「地続きのアフリカ」
4 「ウラル山脈の西がヨーロッパ」

① シンプルな白地図を用意し、基準となる日本に色をつける。
② 日本を指差した後、対面するユーラシア大陸にスライドする。
③ 次に地続きのアフリカへと指をスライドする。
④ ユーラシアの範囲を確認した後、境界を言葉で明示する。
⑤ 確認する手順を言語化する。

■アジアとヨーロッパの境界（その2）

1 「アフリカとヨーロッパの間にあるのが地中海」
2 「長ぐつ（ブーツ）の形がイタリア」
3 「イタリアの東隣りにバルカン半島」
4 「地中海の一番奥に黒海」
5 「黒海の南に突き出る小アジア（アナトリア）」
「黒海の東にあるのがカスピ海」
「カスピ海の北がウラル山脈」

① 指で場所をたどりながら小アジアを特定する手順を言語化する。
② 指で場所をたどりながらウラル山脈を特定する手順を言語化する。

手だてのポイント

　世界史を学ぶ上で「小アジア」の理解が一つのポイントになると考えます。ギリシアの東方に位置するこの場所をおさえることで、アジアとヨーロッパが区別しやすくなり、さらにパレスチナ等の位置も説明しやすくなります。地図を提示するたびに上記の手順を確認するようにし、地図の見方をパターン化していきます。「小アジア（アナトリア、太陽の昇る地方）」の由来等に触れ、知識の定着を図ります。

（西垣　昌欣）

単元 05 社会 市場経済の仕組みと限界
(高等部3年 現代社会)

| 目 標 | 需要・供給曲線から、商品の価格が市場の需要と供給の関係によって変化することをつかむ。 |

同じような形の線があって、いつも区別がつかなくなってしまう。
言葉がたくさん書いてあると、
どの部分を見たらいいのかわからなくなるんだ。
取引量が増えたり減ったりすると、どんな変化をするか、
グラフからイメージができないよ。

この単元で見られるむずかしさ

・需要と供給に関する用語の意味がわからない。
・需要と供給のグラフを見誤ることがある。
・たくさんの情報から必要な情報を手順化して、抜き出すことが難しい。
・需要と供給の関係と価格の関係がうまく結びつかない。

なんでそうなるの？（背景をさぐる）

（1）資料を読むこと
- 実際の事物を記号化して示すことの意味をとらえにくい。
- 部分と部分のつながりや全体像をとらえることが苦手。
- 提示されたものから、必要な情報だけ拾い上げるのが不得意。

（2）資料を基に実際の現象をイメージすること
- 経験が少ないため、学習内容と現実のこととが結びつきにくい。
- 記号化された事物を現実と結びつけていっても、現象の全体をイメージしにくい。

手だての例として

（1）資料を読むこと
- 必要な情報だけを明記した資料を用意する。
- 地図や資料を見る手順を固定化し、繰り返し確認する。

- 注目させたい情報だけを明記した資料を個別に読む練習をした後、2～3程度の情報を複合させた資料を提示し、視点の切り替えを練習する。

（2）資料を基に実際の現象をイメージすること

- 半具体物を使って間接イメージをつくる。

手だての実践例

① 需要供給曲線を分割して、需要と供給を別々に提示する。

軸に矢印を加え、曲線を色で分けて区別する。価格に注目させた上で、需要、供給の順で、曲線の形を言語化して区別させ、ワークシートに記入させる。

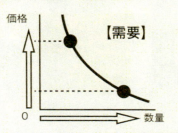 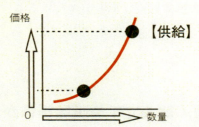

買い手と売り手の考え方（ワークシート）
需要（買い手）⇒「商品をより安く、買いたい」＝（右下がり）
供給（売り手）⇒「商品を高く売って、たくさんもうけたい」＝（右上がり）

② 均衡価格の読み取り方を確認し、言語化して書き込む。

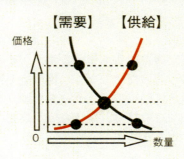

需要から順に、言語化したことを手がかりに、探し方を手順化して、均衡価格（価格が決まる場所）に導く。

需要（買い手）は「安く買いたい」から、曲線を右下になぞっていく。供給（売り手）は「高く売りたい」から、曲線を右上になぞっていく。二つが重なり合う点で希望が一致し、価格が決まる。
つまり需要にとっては『なるべく安い値段』、供給にとっては『なるべく高い値段』でみんな満足する価格となる。

手だてのポイント

曲線を別々に見ることで、それぞれどんな形なのかを区別します。また、需要（買い手）と供給（売り手）の考え方を言語化して、イメージしやすくしました。複合した資料に切り替える時に、手順化した読み方を固定化することで、価格が決まる場所を読み取りやすくします。

（笠原 宏介）

理科であらわれる学習上の困難① 「実験」編

こんな○○で困っている子はいませんか？

（1）実験を行うために移動することや、様々な角度から実験装置を見ることが難しい

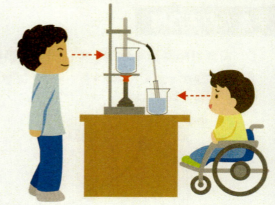

　車椅子に座ったままでは、姿勢や移動の問題から、床などの低い位置や机上の高い位置に組まれた実験装置が観察しにくい場合があります。立っている子どもと座っている子どもとでは、実験装置の見え方が異なります。

（2）装置の組み立てや実験操作が苦手

　実験で使用するガラス器具の取り扱いや、実験装置を組み立てる操作の手がなかなか進まない子どもがいます。実験装置をうまく扱えない理由として、上肢機能の問題や体幹の移動の問題も大きいですが、肢体不自由のある子どもが、いろいろな器具を扱った経験やものを組み立てた経験が少ないことも見逃せません。また、不随意運動や過緊張によって、一定の位置に器具を保持したり、力加減を調整したりすることに支障が出る場合があります。

（3）計測した結果を読み取りにくい

　実験データを得るためには温度計や電流計などの測定機器を多く使いますが、そのほとんどがアナログの目盛りです。そのため、上肢操作や姿勢の問題だけでなく、視機能や視覚認知に問題があると測定結果を読み取りにくくなります。さらに測定には、データを扱うレディネスとして、単位の量的イメージや単位換算のための一般的な計算力、概算力等が必要な場面も多く、迅速な結果を得られないと実験に支障を来す場合もあります

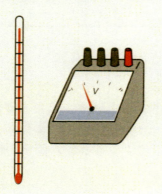

E=RI　J=EIt

なんでそうなるの？（背景をさぐる）

こうしたむずかしさの背景として考えられることには、主に次の点が挙げられます

① 動かしたいと思う部分（筋肉）以外にも力が入り、スムーズに動かせない、力加減を調整できない（過緊張、原始反射）、考えている動きと別の動きをしてしまう（不随意運動）、力が弱く動かせる部分や範囲が少ない、まひがあって動かない等、様々な原因によって移動や操作に支障がある。
② 実験装置全体が大きいため、手などの可動域を超えている。
③ 頭の位置を自由に変えられないため、実験装置に近すぎたり、遠すぎたりして、装置全体の俯瞰がしにくく数値も読み取りにくい。
④ 実験装置全体の構成がとらえられず、全体と部分の位置関係が把握しにくい。
⑤ 測定機器の目盛り幅が小さく読み取りにくい。
⑥ 込み入った目盛りを見ると、どこを見ているのかわからなくなってしまう。
⑦ ドリル学習に時間がかかり、基礎的な計算力が十分養われていない。

など

手だての例として

実験・観察時の姿勢や器具の操作について

　実験時の姿勢や器具の操作では、実験を行う位置や台を工夫することが第一です。傾けても支障のない実験では、実験装置を書見台のように傾けて見やすくするのも一つの方法です。また、ガラス器具などの取り扱いは難しいので、プラスチック製の代替品がある場合にはそれらを使用します。さらに、器具等が倒れないような工夫、実験・観察自体の見直しも必要となります。姿勢の問題は、映像機器などを使ってモニター等で確認できるようにするのが有効です。
　また機器による測定では、アナログの測定機器を使って測定を分担することもありますが、それでも測定機器を正面から直視できなければ正確に測定できません。これにはデジタル測定機器への代替が有効です。計算が極端に遅かったり、苦手な場合には電卓の使用も考えられます。

① 実験装置を斜面台に置いたり、白板等に貼り付けたりするなど見やすくなるよう工夫をする。
② 実験班のグループ編成の工夫や介助による操作を行う。
③ 指のピンチ力を補う実験装置を工夫する。
④ プラスチック器具、デジタル測定機器などの器具の代替や固定器具を工夫する。
⑤ デジタルビデオ＋モニターなど映像機器を活用する。
⑥ ソフトウェア等でのシミュレーションで実験を代替してみる。
⑦ 数値計算やグラフ化に表計算ソフトや電卓を使用する。

など

（原 義人・齋藤 豊）

単元 01 理科　電流回路（中学部2年）

目標　電流回路図の配線を行い、電流や電圧を測定することができる。

電流回路って全体が見えにくいし、
配線しているとごちゃごちゃになってしまう。
電流計や電圧計の目盛りも読み取りにくくて、
うまく測定できないんだ。

この単元で見られるむずかしさ

・電流回路全体を俯瞰しにくい。
・導線を端子（ターミナル）にうまくつなげない。ワニ口クリップなどで挟むことが苦手。
・配線を始めると手が引っかかったりして他の部品が邪魔になる。
・電流計や電圧計の目盛りが読み取りにくい。

なんでそうなるの？（背景をさぐる）

● 動かしたいと思う部分（筋肉）以外にも力が入り、スムーズに動かせない、力加減を調整できない（過緊張、原始反射）、考えている動きと別の動きをしてしまう（不随意運動）、力が弱く動かせる部分や範囲が少ない、まひがあって動かない等、様々な原因によって、移動や操作に支障がある。
● 実験装置全体が大きいため、手などの可動域を超えている。
● 頭の位置を自由に変えられないため、実験装置に近すぎたり、遠すぎたりして、装置全体を俯瞰しにくく数値を読み取りにくい。
● 実験装置全体の構成がとらえられず、全体と部分の位置関係が把握しにくい。
● 測定機器の目盛り幅が小さく読み取りにくい。
● 込み入った目盛りを見ると、どこを見ているのかわからなくなってしまう。

手だての例として

- 実験装置を斜面台に置いたり、白板等に貼り付けたりするなど、計器を見やすくする工夫をする。
- 指のピンチ力を補うよう実験装置を工夫する。
- プラスチック器具、デジタル測定機器等、器具代替の工夫と固定器具の工夫。
- デジタルビデオやモニターなどの映像機器を活用する。

手だての実践例

■全体像がわかりやすいように、短い回路で結び、できるだけ回路図に似せる

① 短めの導線を用意し、導線が互いに邪魔にならないようにする。
② あらかじめ、導線とターミナルだけから構成された回路を用意する。
③ クリップが接合するターミナル部分に銅円板などを使い、それにクリップをかませる。あるいは重ね合わせのできるバナナクリップ（ピンチ力を補える）をターミナルに使用する。

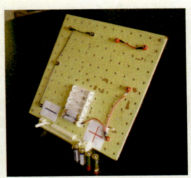

短めの導線とターミナルで構成された回路

■デジタル機器を使用して測定し、結果をモニターで拡大する

① デジタルテスターやデジタル機器で測定し、パソコンを通してモニター画面に測定結果を投影する。
② 目盛りをデジタルビデオなどで撮影し、拡大画像をモニターやプロジェクターで投影する。

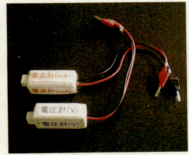

測定値をパソコンに投影するデジタル機器

手だてのポイント

　配線時には、導線をできるだけ短くして導線が交差したり重ならないようにしたり、斜面台に装置を置いて全体像がつかめるようにすることが大切です。また、アナログの測定機器を全員の生徒が注目することはできません。グループで測定を分担することになりますが、それでも測定機器を正面から直視できなければ正確に測定できないので、これにはデジタル機器の使用が有効です。

（原 義人）

単元 02 理科 物体の運動（中学部3年）

| 目 標 | 運動の法則を理解する。 |

運動の法則って、ことばが難しいし、実験を見てもピンとこないんだ。普段使っている車いすを使って説明してもらうとわかりやすいと思うんだけど？

この単元で見られるむずかしさ

・机上実験では、装置の運動時間が短いのでわかりにくい。
・実験装置が大きくなるため、組み立てに時間がかかる。
・速さの計算など過去の苦手意識が本単元にも影響し、法則と名のつくものを毛嫌いしてしまう。

なんでそうなるの？（背景をさぐる）

● 実験装置全体が大きいため、手などの可動域を超えている。
● 頭の位置を自由に変えられないため、実験装置に近すぎたり、遠すぎたりして、装置全体を俯瞰しにくく、数値を読み取りにくい。
● 測定機器の目盛り幅が小さく、読み取りにくい。
● ドリル学習に時間がかかり、基礎的な計算力が十分養われていない。

手だての例として

● 実験装置を斜面台に置いたり、白板等に貼り付けたりするなど計器を見やすくする工夫をする。（力学台車の代わりに車いすを使い、廊下、体育館、運動場など距離の長くとれる場所で実験を行う。）

- 実験班のグループ編成の工夫や介助による操作。（手動車いす、電動車いす、独歩グループの役割分担をする。）
- プラスチック器具、デジタル測定機器等、器具代替の工夫と固定器具の工夫。（打点する紙テープの代わりに、長くて幅の広いポリプロピレン紐を使用する。）
- 数値計算やグラフ化に表計算ソフトや電卓を使用する。

手だての実践例

■慣性の法則（運動の第1法則）
① 手動車いすのブレーキを外した状態で、後ろから車いすを急に押す。
② 手動車いすを運転している状態で、急に止める。
③ あらかじめ20m程度のポリプロピレン紐を直線上のスタート地点からゴール地点までゆるみなく貼っておく。スタート地点から電動車いすを低速（時速2km以下）で運転する。ストップウォッチでスタート地点から5秒ごとに計測し、ポリプレン紐にマジック等で印をつける。ゴールまでの計測が終了したら、5秒ごとの長さにポリプロピレン紐を切って、それらの長さを比べる。

■作用・反作用の法則（運動の第3法則）
① 手動車いすのブレーキを外して、廊下などの壁を運転者が強く押すと押し戻される。
② ブレーキを外した2台の手動車いすが向かい合い、お互いに手で押し合って、どちらの力が強いか1枚の大きめの板を二人が対面から握り合って、板を押すようにする。

■運動（加速度）の法則（運動の第2法則）
① 校内の車いす用スロープを使って力学台車を走らせる。あらかじめスロープに、2mおきに目立つテープを線路の枕木のように貼っておく。スタート地点からゴール地点まで直線距離で10m以上とる。スロープ下のゴール地点から目視で、力学台車が各テープを通過した時間をストップウォッチで測定する。
② 2mごとの測定時間から、時間と速さ、時間と距離の関係を求める。

車いす用スロープ

手だてのポイント

　安全を重視して各実験を行います。スロープでも車いすを使いたいところですが、やはり安全を考え力学台車を使いました。また、無人の車いすではまっすぐに進めないので測定誤差が大きくなってしまいます。等速直線運動で使用する電動車いすは、床の摩擦力と推進力が釣り合うことになるので等速で進むと考えます。

（原 義人）

理科であらわれる学習上の困難② 「図の把握と作成」編

こんな○○で困っている子はいませんか？

（1）情報量の多い図表、線画を読み取ることが苦手

理科では多くの内容で模式図やグラフを用い、説明を行います。色分けされた図や写真の場合は比較的少ないのですが、モノクロで様々な情報が書き込んである図やグラフ、情報量の多い表、線だけで表された図などの場合、説明がどの部分を示しているのかが判断しにくく、内容の理解ができない様子が見られます。

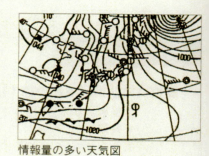

情報量の多い天気図

（2）図に表された動き、流れや位置関係などを読み取ることが苦手

図の中には変化等の一連の流れ、複数の動きや位置などが整理して表されているものもあります。脳性まひの子どもの場合、図全体の構造、図に表された部分と部分の関係や全体と部分の関係をとらえることが苦手なことが多く、結果として図やグラフで示されている内容を十分に把握できない場合があります。こういった難しさは作図の難しさにも表れてきます。

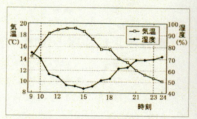

1日の気温と湿度の関係

（3）立体図の把握が難しい

電流の働きや天体の動きなど、三次元の要素が入った現象を説明するには、立体図を用いることが少なくありません。しかし、立体図に示された空間内の位置関係や方向の把握が難しい子どもがいます。この場合、図で表されている内容自体を読み取れないことが少なくありません。

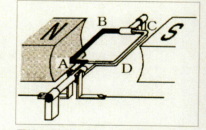

電流と磁界を表した三次元の図

（4）図に表された目に見えない物質や力のイメージをつかむことが苦手

図の中には目に見えない物質や力のイメージをモデルとして表している物があります。肢体不自由児のように行動に制限があると、言わばメッシングアバウト（子どもなりの試行錯誤）が不足し、自由に手を使い体を動かせる子どもとの間にイメージ力の差が出てきます。（触って目で見る経験を積んだ子どもは、手で触らなくても見ただけで物体の触感や質量を想像することができます。）こうしたイメージ力の差から、全体的、直感的にとらえ、想像することが全般的に苦手となり、内容をうまくとらえられないことがあります。

上記図　FdData 入試／中間期末 理科 より引用

なんでそうなるの？（背景をさぐる）

こうしたむずかしさの背景として考えられることには、主に次の点が挙げられます

① 図と背景（地）の区別が難しく、図で表されている内容を読み取れなくなってしまう。
② 似たような情報や多くの情報が並んでいると、どこを見ているのかわからなくなってしまう。
③ 同時に複数の情報をとらえることが苦手で、部分と部分のつながりや全体像をうまくとらえられない。
④ 提示されたものの何に着目すれば良いのかをうまく判断できず、必要な情報だけを拾い上げることが苦手。
⑤ 形をとらえる基準（点、線、面、方向）を決めたり、見いだしたりすることが苦手。
⑥ 構成する線が、幅、高さ、奥行きのどの方向を示すのか判断することが苦手。
⑦ 視点を切り替えて空間をとらえ、位置関係や動きをイメージすることが難しい。
⑧ 試行錯誤の不足や、質感や量感の獲得不足によって、物体そのものをイメージとしてとらえることが苦手。

など

手だての例として

　図や表は込み入ったものではなく、視認が容易な、できるだけ単純明瞭なものを準備するとわかりやすくなります。配色なども工夫して全体像がつかめるようにすることが大切です。また、形や位置関係などを言葉に表して（言語化）、全体像を把握しやすくしたり、着目する場所や基準を明確にしたりすることも有効です。
　図そのものからイメージをつくりにくい立体図やモデル図の場合、模型などの半具体物を用いてイメージを確認したり、アニメーションや動画など、イメージを逐次的にも同時的にも表せるもので確認したりするとわかりやすくなります。図や表、グラフを描く場合には、上述の確認に加えて、ある程度できあがったものを提供することも手段の一つになります。

① 情報の精選や焦点化を図り、着目する場所や基準、全体像を明確にする。
② カラー資料の利用や色ペンなどを使って判断基準を明確にする。
③ 図表確認の手順や全体像、着目点などを言語化する。
④ 模型等の半具体物操作や言語化を通して、イメージをつくる。
⑤ 視聴覚教材（VTR、動画、写真、CG、アニメーション）を使ってイメージをつくる。

など

（齋藤 豊・原 義人）

単元 03 理科　こん虫を調べよう（小学部3年）

目標　昆虫の体のつくりを観察し、その特徴について記録する。

こん虫のどこを観察すれば良いのかわからない。あしの数は数えられるけど、何がどこについているのか、特徴をうまく記録カードに描けないんだ。

この単元で見られるむずかしさ

・昆虫の特徴（体が頭・胸・腹で構成され、胸に6本のあしがあること）をつかむことが苦手。
・記録カードにどのように描いて良いかわからない（構成と位置関係）。結果として他の昆虫や虫と比較しにくい。

なんでそうなるの？（背景をさぐる）

● 同時に複数の情報をとらえることが苦手で、部分と部分のつながりや全体像をうまくとらえられない（体の構成「頭・胸・腹」とあし（羽）の位置関係を整理して記録する　など）。
● 形をとらえる基準（点、線、面、方向）を決めたり、見いだしたりすることが苦手（昆虫の体は頭・胸・腹でできている　など）。

手だての例として

● 情報の精選や焦点化を図り、着目する場所や基準、全体像を明確にする（体の構成要素、あしの数　など）。
● 図表確認の手順や全体像、着目点などを言語化する（視覚情報の言語化、整理・記録するための学習活動の順序化　など）。

手だての実践例

■観察の手順：見て触れて気づいたことを自由に言葉にする　⇒　体の構成に着目する　⇒　体とあしの位置関係に着目する

① 色や形、数など見て触れて気づいたことを自由に言葉にする。
② 体の構成要素に着目して観察する（「体はいくつに分かれている？」「あしは何本？」などの発問）。
③ あし（羽）は体のどの部分についているかなど、位置関係に着目させて観察する。
※観察して気づいたこと、まとめたことは記録しておく。

■記録の手順：体の構成について　⇒　体とあし（羽）の本数と位置関係について

① 記録から体の構成要素を振り返り（例：胸→頭→腹の順に）、体を記録カードに記録する。
② 記録からあし（羽）の本数と位置を確認し記録する（例：あしが6本、3本ずつ胸から）。

記録カード①（指導前）

記録カード②（指導後）

手だてのポイント

　体の分かれ方、あしの数、あしや羽のついているところなどの着目すべき視点を明確にして観察すること。さらにそれらの視点を順序化して学習を進めることで、子どもは昆虫の体のつくりについて整理したり記録したりしやすくなります。特に小学校段階では、観察の素地が十分でない場合が多いので、低学年段階から触れ方や観察の視点、整理の仕方など、観察の仕方を自分で獲得するための手だてが重要となります。

（杉林　寛仁）

| 単元 04 理科 | いろいろな力の世界（中学部1年） |

| 目標 | 物体にはたらく力やその向きと
それらの関係を見いだすことができる。 |

力って目に見えない。実物だとなんとなくは想像できるんだけど…
図で表されると、何がどうなっているのか良くわからなくて、
こんがらがってしまうんだ。
どうしてみんなは、どっちがどっちだってわかるの？

この単元で見られるむずかしさ

・線画で描かれた立体物の問題が解けない。
・力を矢印にする際にどこから、どのくらいの長さで描けば良いのか判断できない。
・つるされた物体のつり合いなど、複数の物体にかかる力の関係性がとらえられない。

なんでそうなるの？（背景をさぐる）

● 同時に複数の情報をとらえることが苦手で、部分と部分のつながりや全体像をうまくとらえられない。
● 提示されたものの何に着目すれば良いのかをうまく判断できず、必要な情報だけを拾い上げることが苦手。
● 構成する線が、幅、高さ、奥行きのどの方向を示すのか判断することが苦手。
● 試行錯誤の不足や、質感や量感の獲得不足によって、物体そのものをイメージとしてとらえることが苦手。

手だての例として

● 情報の精選や焦点化を図り、着目する場所や基準、全体像を明確にする。
● カラー資料の利用や色ペンなどを使って判断基準を明確にする。
● 図表確認の手順や全体像、着目点などを言語化する。
● 模型等の半具体物操作や言語化を通して、イメージをつくる。

手だての実践例　●実物を使って力を確認する

■実物に作用点を明示し、具体物とそれにかかる力の図を確認させる

方向を示す時には「右」「上」だけでなく、「左から右」「下から上」と方向がある点を基準（始点）としていることを明確に。力の単元では「作用点」が重要。

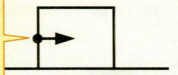

■実物を使ってそれぞれの力を確認し、立体図→平面図にしていく

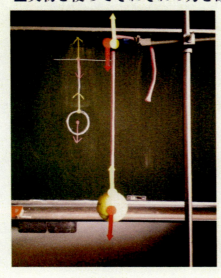

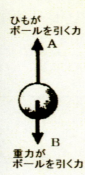

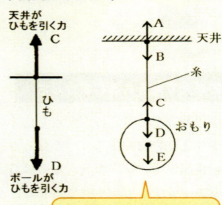

どこに力がかかっているのかを確認し、どのように図に表していくのかを学習する。

FdData 中間期末 理科 より引用

手だてのポイント

　脳性まひの子どもの中には、複数の物体の関係性をとらえることに難しさを示す場合が少なからずあります。物体に働いている重力と垂直抗力、重力と張力のように、実際には動きのないつり合いの関係については、目に見えない力の方向をイメージすることが難しく、混乱を招きがちです。特に「床が机を押す力」「ひもがおもりを引く力」のように、どちらかがもう一方に対して働く力の方向を取り出して考えることが苦手です。この場合、実物を使って、どちらに力がかかっているか等を明示するとともに、図で示した作用点に指を置き、動作や身振り等で確認すると、関係がつかみやすくなります。

（齋藤　豊）

| 単元 05 理科 | 化学変化　（中学部2年）
―化学変化を記号で表そう― |

| 目標 | 化学変化を化学反応式で表すことができる。 |

原子や分子のモデルがつくれない。
分子をつくるものとそうでないものの区別もつかないよ。
どうしてみんなは化学反応式がつくれるの？

この単元で見られるむずかしさ

・原子や分子の考え方が定着しにくい。
・単体と化合物の棲み分けがはっきりしない。
・元素記号や化学式を覚えるのに時間がかかる。
・原子や分子をモデル図で表すことが難しい。
・化学反応式の左辺と右辺の原子の数を合わせるための係数が考えられない。
　（化学式の前に係数をつけて、左辺と右辺の原子の数をそろえられない。）
・複数の情報を一度に整理することがうまくいかない。

なんでそうなるの？（背景をさぐる）

● 似たような情報や多くの情報が並んでいると、どこを見ているのかわからなくなってしまう。
● 同時に複数の情報をとらえることが苦手で、部分と部分のつながりや全体像をうまくとらえられない。
● 提示されたものの何に着目すれば良いのかをうまく判断できず、必要な情報だけを拾い上げることが苦手。

①鉄と硫黄が化合して、硫化鉄ができる。

②銅と酸素が化合して、酸化銅ができる。

似たような名称の区別が難しい

手だての例として

- 情報の精選や焦点化を図り、着目する場所や基準、全体像を明確にする。
- カラー資料の利用や色ペンなどを使って判断基準を明確にする。
- 図表確認の手順や全体像、着目点などを言語化する。
- 視聴覚教材（ＶＴＲ、動画、写真、ＣＧ、アニメーション）を使ってイメージ化を図る。

手だての実践例

■原子・分子をイラストや具体物に置き換えて、イメージしやすい授業展開にする

① 反応物と生成物をしっかりと把握させた後に、原子や分子をマグネットを使い具体物に置き換える。
② 化合物をつくる元素の組み合わせと数などを言語化して覚えさせる。
③ 化学変化をマグネットの具体物を使って表した後に、モデル図で説明する。
（手順や数など明確にして説明し、一度に話す内容量を少なくする。）
④ モデル図から化学式を用いた簡単な化学反応式をつくらせる。
⑤ 慣れてきたら、より複雑な化学反応式を扱う。具体物（マグネット）を用いて、左辺と右辺の原子の数を合わせる手順を説明し、手順を明確にしてから取り組ませる。

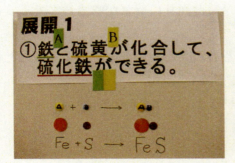 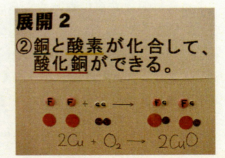

マグネットを使った化学反応式のモデル

手だてのポイント

　原子や分子モデルは、視覚的イメージを持たせるために、生徒一人一人に具体物を用意し操作をさせて、目と手を協応動作させながら化学反応のモデルを完成させました。まず簡単な化学反応式を扱い、その後複雑な化学反応式を考えさせていく展開にすることがポイントです。机上でも使えるように、いくつかの小さいサイズのマグネットを用意することもお薦めします。

（青山 正人）

単元 06 理科　天気とその変化（中学部2年）
―温帯低気圧と前線―

| 目　標 | 前線の通過に伴う気温や風向の変化を推定できる。 |

等圧線の気圧の数値をうまく読み取れないんだ。
温帯低気圧を上から見た図と横から見た断面図が一致しないよ。
低気圧の移動と地表（地図上）を
同時に考え合わせることができないのは、どうして？

この単元で見られるむずかしさ

・等圧線における気圧の数値を適切に読み取ることができない。
・偏西風によって低気圧が東に進みながら、反時計回りに空気が吹き込んでくることのイメージがうまく持てない。
・温帯低気圧の構造と日本の位置関係を照らし合わせながら天気を推定することや、雲の形から天気の変化を予測することがうまくできない。
・温帯低気圧の移動に伴う天気の変化の予測がうまくできない。

なんでそうなるの？（背景をさぐる）

● 図と背景（地）の区別をつけることが難しく、図で表されている内容を読み取れなくなってしまう。
● 同時に複数の情報をとらえることが苦手で、部分と部分のつながりや全体像をうまくとらえられない。
● 提示されたものの何に着目すれば良いのかをうまく判断できず、必要な情報だけを拾い上げることが苦手。
● 形をとらえる基準（点、線、面、方向）を決めたり、見いだしたりすることが苦手。
● 視点を切り替えて空間をとらえ、位置関係や動きをイメージすることが難しい。

手だての例として

- 情報の精選や焦点化を図り、着目する場所や基準、全体像を明確にする。
- カラー資料の利用や色ペンなどを使って判断基準を明確にする。
- 視聴覚教材（VTR、動画、写真、CG、アニメーション）を使ってイメージ化を図る。

手だての実践例

■カラーシートで着目すべき視点を明確にしつつ学習を順序化する

① 温暖前線と寒冷前線が通過した時の天気の変化を、暖気、寒気と関連づけて、断面図を用いて説明する。
② 前線に伴う特有な雲の形を、図（画像）を用いて説明する。
③ 温帯低気圧の構造を踏まえながら、その位置での気温、風向を説明する。
④ 日本地図と温帯低気圧の構造を、カラー印刷したOHPシートを用いて、ある地点での前線通過と気温と風向の変化を読み取らせる。

OHPシートに低気圧の構造を印刷

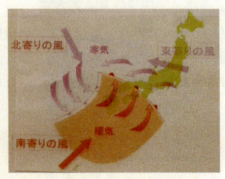

日本地図に重ね合わせて気象の変化を読み取る

手だてのポイント

　生徒一人一人が具体物を用いて理解できるようにしていきます。
　日本列島の白地図とOHPシートにカラー印刷した温帯低気圧の天気図を用意し、低気圧の移動に伴って各地の天気が変化していくことを予測させます。地図上でOHPシートを動かすだけで、その地点での風向きの変化が簡単に読み取れます。

（青山 正人）

単元 07 理科 月の動きと見え方 (中学部3年)

| 目 標 | 月の公転位置から月の見え方（形）が判断できる。 |

「月の満ち欠け」って模型で説明されても
見え方の変化ってどういうこと？
それぞれの位置での見え方なんて想像できないよ。
どこをどう見たら判断できるの？

この単元で見られるむずかしさ

・俯瞰図で表された月と地球と太陽の位置関係がうまくイメージできない。
・俯瞰図で表された月と地球の動きがうまくイメージできない。
・地球から見た月の見え方が想像できない。

なんでそうなるの？（背景をさぐる）

● 同時に複数の情報をとらえることが苦手で、部分と部分のつながりや全体像をうまくとらえられない。
● 提示されたものの何に着目すれば良いのかをうまく判断できず、必要な情報だけを拾い上げることが苦手。
● 図から、幅、高さ、奥行きの方向をとらえて判断することが苦手。
● 構成する線が、幅、高さ、奥行きのどの方向を示すのか判断することが苦手。
● 視点を切り替えて空間をとらえ、位置関係や動きをイメージすることが難しい。

手だての例として

● 図表確認の手順や全体像、着目点などを言語化する。
● 模型等の半具体物操作や言語化を通して、イメージをつくる。
● 視聴覚教材（写真、CG、アニメーション）を使って、イメージをつくる。

手だての実践例　●動画や模型等によるイメージ化と図の把握

① 三球儀等の模型を用いて、天体の動きのイメージと俯瞰図の描かれ方を確認する。

　具体物を映像化し、そこから図を作成してみせることで、俯瞰図の構成について学習する。

② 実際に月の観測を行い、その結果をCG動画で再確認させ、地上からの月の位置と見え方の変化のイメージをつくる。

　地球から見た月の動きと地球を外から見た時の月の動きの違いを確認する。

③ 模型を使い、映像化し、立体を見る角度によって見え方が変化することを確認させる。

　立体を平面画像にすることで形をとらえやすくする。

④ 地球からの見え方を、発泡スチロール模型の中に入れたwebカメラを使って確認させる。

　地球の外と中の位置関係を模型と画像で組み合わせ、イメージをつくる。

⑤ ①と同様に模型の俯瞰映像を映し、俯瞰図の構成と図に表された天体の動きを確認させる。

⑥ 新月、満月、月の公転方向を基準に、月は右から満ち、右から欠けていくことを言語化し、図とあわせて確認する。

模型を使って月の見え方を再現

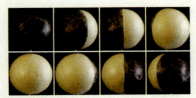

月の見え方

webカメラを活用

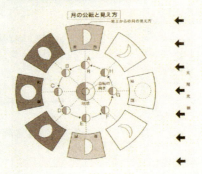

模型の見え方と俯瞰図を見比べる

平成22年度用補助教材
「新編 新しい科学3年22プラス」
東京書籍 より引用

手だてのポイント

　視点を切り替えて月の姿を想像するのは難しいので、映像でイメージを確認していきます。また、立体を具体物で提示し、操作させるとともに、平面映像化、言語化することで、形の把握、動きの確認、位置関係の把握がしやすくなります。

（齋藤 豊）

英語であらわれる学習上の困難① 「入門期」編

こんな○○で困っている子はいませんか？

（1）アルファベットや単語のスペルを読みとばしてしまう

　アルファベットや英単語を読む中で、読んでいる単語のアルファベットをとばしてしまう、また、単語や行を丸ごととばして読んでしまうといった様子が多く見られます。単語のスペルを視覚的にかたまりとしてとらえることが難しい場合、英文を上手に音読したりすることが困難です。

（2）誤った単語のスペルを覚えてしまう、書いてしまう

　例1にあるように、nとhの書写を間違えてしまうなど、語の特徴に注意することが苦手な様子が見られます。また、例2では字形がそろわず、文字の間のスペースも空けられていません。英単語のスペルを覚えることが難しいことが多く、英単語をノートテイクすることが苦手です。

brown　　　　brohh

例1　文字の特徴をとらえることが難しい

アヤはどのようにてんぷらを作るべきか（作りかた）を知っています。
Aya (how / knows / to / tempura / cook)

例2　文字の間のスペースを空けられない。誤字も多い

なんでそうなるの？（背景をさぐる）

　小学校5、6年や中学校1年の、外国語を習い始めた初期段階（入門期）においてアルファベットは扱われます。26文字のアルファベットを文字として扱うのは中学1年からとなりますが、そのほとんどは小学校中学年のローマ字指導ではじめて習います。肢体不自由のある子どもは、母音中心のローマ字とは違い、子音中心の英語アルファベットの認識が苦手です。特に英単語や英文を読むという行為には、運動・動作・眼球運動に加え、視覚情報処理の特性など、いくつかの背景が含まれています。このような背景の中に難しさがある場合、英単語内のアルファ

ベットの構成を見取ること、音読する際の文字と音を一致させること、ノートテイクで書き始めの起点を定めることなどに難しさが生じます。

（1）アルファベット、英単語のスペルを読むこと

① タテ・ヨコ・ナナメや、単語間のスペースがどのように構成されているかをとらえることが難しいため、英単語のスペルを読み取ることが苦手。
② 見取り・読み取りを始める起点を定めることが苦手。
③ 英語の発音は日本語と違う構音で発音されるが（例えばrなど）、それを正確に聞き取り、口形をまねして発音し、音をアルファベットの文字と結びつけて読むという複数のことを同時に行うことがうまくできない。

（2）アルファベット、英単語のスペルを書く、覚えること

① 英単語を読む時、構成要素が重なって見えてしまうため、類似するアルファベットの形が見分けにくく混同してしまう（b→d ／ p→q ／ n→m など）。
② 上肢に障害がある場合、発話して、書いて語を覚えるという手順を踏みにくいため、単語が覚えられない。
③ 文字を認識すること（どのアルファベットがどの順番で並んでいるか）、発音がわかること（自分で発音できること）、意味を理解することを、それぞれ別のルートで認識するため、それらを同時に行うことが苦手。

手だての例として

（1）アルファベット、英単語を読むこと

① 音読の段階で、できるだけフォニックス（つづりと音との対応）などの手がかりをしっかり身につけさせ、時間をかけて読むことにつなげていく。
② 文字色をつけたり拡大して、単語の区切りを明確にする。文字の始まりを意識しやすくするために印などをつける。　　　　　　　　　　　　　　　　　　　　など

（2）アルファベット、英単語を書くこと

① パワーポイント等を利用して、視覚的に意識しやすい状態で書かせる。
② 類似する文字の特徴を言語化し、発話して確認しながら書く習慣をつける（n→山が一つ ／ m→山が二つ）。　　　　　　　　　　　　　　　　　　　　　　　　など

（三浦義也）

単元 01 アルファベットを読む（中学部1年）
英語

| 目 標 | アルファベットを名前読みだけでなく、音と文字を結びつけて、文字の表す音を発音できるようになる。 |

ＡＢＣ（エィ、ビー、シー）……と言えるし、
順番通りだと読めるけれど、
バラバラに出てくるとわからなくなっちゃう。
小文字も覚えられないんだ。
文字の発音って良くわからないし、うまく言えないよ

この単元で見られるむずかしさ

・大文字と小文字を対応させずに、大文字（A～Z）だけで覚えてしまう。

・アルファベットの名前は言えても、その文字の表す音がわからない。Ａa，Ｂb，Ｃc を名前読み（エィ、ビー、シー）で覚えてしまって、その文字の表す音[æ，b，k]に結びつかない。

・日常生活で英語は使わないので、前回覚えたことを忘れてしまって、記憶が定着しにくい。

なんでそうなるの？（背景をさぐる）

● 英語の大文字と小文字は似ていない場合が多く（A→a／G→g／Q→q　など）関連性がわかりづらい。小文字は似ている字が多いので（b→d／p→q／m→n　など）、区別できずに混同してしまう。視覚で正確な形をとらえることが苦手なので、文字の高さの違い、大きさの違い、線の長さの違いや曲線の曲がり具合を認識しにくい。

● 英語の発音は、全く新しい聞き慣れないものである上、口の動かし方も日本語と違っている。正確に聞き取り、まねをして発音し、その音をアルファベットの文字と結びつけるという、たくさんの複雑なことを同時に行うことがうまくいかない。

手だての例として

- 視覚より聴覚の方が入りやすいため、まずは英語の発音をたくさん聞かせて音に慣れさせる。口の動きを丁寧に説明して、実際にやって見せながら何度もまねさせる。
- 文字と音との対応（フォニックス）を何度も繰り返し、時間をかけて身につけさせることによって、記憶の定着を図る。

手だての実践例

① 英語特有の発音について、何度も聞かせて音に慣れてからまねて言わせる。その際、大げさに口の動きをやってみせて、口の開け具合や、舌の動きなどの説明もする。

② 単語の最初の音は一番わかりやすいので、そのアルファベットで始まる簡単な単語を2, 3個、教師に続けて発音させる（a → apple, ant　b → bear, bed, banana　c → cat, cup　など）。アルファベットの表す音を認識させるのが目的で、単語のスペルを覚えさせるのが目的ではないので、単語の文字は見せない。

③ 大文字と小文字、その文字で始まる身近な単語とその絵を見せながら、

【　エィ　[æ]　aaapple　】　　　【　ビー　[b]　bbbear　】

と最初の音を大げさに強く長めに発音してみせて、まねさせる。AからZまでの表を生徒に配り、毎時間持参させ、授業の最初に何度も練習させる。慣れてきたらだんだんスピードを上げ、リズムに合わせて教師に続けて言わせるようにする。

　ラップ風に何かを叩いたりして、リズムに乗って言わせると、生徒は何度でも喜んで繰り返すものである。そのうち、教師の手本がなくても言えるようになってくる。

A a　apple 　　B b　bear 　　C c　cat

手だてのポイント

　大文字、小文字、アルファベットの名前、その文字の表す固有の音、その文字（音）で始まる単語とその絵（意味）を必ずセットにして、反射的に言えるように繰り返し何度も練習させることが大切です。ここで十分時間をとって文字と音を結び付けることが、次の単語を覚える段階へのスムーズな橋渡しになります。

（山本 喜洋子）

単元 02 英語　アルファベットを書く（中学部1年）

目標　アルファベットの表す音がわかり、正しく書くことができる。

小文字には似た字があって、微妙な違いが良くわからないよ。まぎらわしいな。
アルファベットの大文字はみんな同じ高さだけど、小文字はいろいろな高さがあって、ややこしい。
うまく書けなくて、読みにくい字になってしまうんだ。

この単元で見られるむずかしさ

・小文字の線の長さ、向きや曲がり具合を正確に覚えて書けないことがある。
・基準になる横線から下にはみ出す文字もあり、上に伸びる高さもまちまちなので、正しい高さにそろえてうまく書けない。

なんでそうなるの？（背景をさぐる）

● 小文字は似ている字が多い（b→d／p→q／m→n／r→n／n→h　など）。視覚的に線の構成をとらえることが苦手なため、区別しにくく、混同してしまう。
● 上肢に障害がある場合、高さをきちんとそろえることや、正しい形の曲線を書くことが苦手なことが多い。

手だての例として

● 文字を見ること、音を聞くこと、文字を書く時の腕や指の動き（空中や机に腕や指を使って書く動作をする）、発音する時の口の中の感じというういろいろな感覚を結びつけて、繰り返し練習させてしっかり身につけさせる。
● 小文字の線の長さ、位置や向きなど、4本の補助線を有効に使って具体的な説明を加え、確認させる。

手だての実践例

① アルファベットを1文字ずつ書く練習を始める時、まず、空中に大きく腕を動かして、手で動きを感じさせる。また、机の上に指で書く動きをさせる。上肢に障害がある場合、実際の動きは自分のできる範囲で、少しでも動かして、頭の中で動きをイメージさせる。手の動きと連動して、必ず声を出して発音させる。

② 書く時に似ている動きをする文字を比較しながら、どこで曲げるか、方向はどっちか、どこまで伸ばすかなど違いを確かめさせる。

③ 紙にアルファベットを書く時、大きめの4本線のワークシートを利用する。上から3本目の線を太く、あるいは赤で目立つようにして、基準の線として常に意識させる。それぞれの文字を家に見立て、地下に降りるか（g, j, p, q, y）、1階までか（a, c, e, m, o）、中2階か（i）、2階まで登る（f, h, k）か区別する。

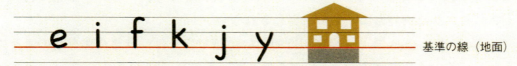

④ 書く練習する時は必ず、声を出すことを習慣づけ、文字と音を対応させる。

⑤ きれいな字を書くことや、速く書く必要のないことを強調する。（書き方を習得すれば、その後は、上肢の動きの障害によっては、パソコンを使えば良い。詳細は単元4を参照。）

手だてのポイント

　脳性まひの子どもを中心に、似たような文字を読み分けること、区別して書くことが苦手な様子が見られます。「見る」、「発音する」、「書く」、それぞれの感覚を補い合いながら密接に結びつけて練習することが有効です。特に書く際には、必ず文字の音を口に出して言うことと、繰り返すことが大切です。

（山本 喜洋子）

単元 03 英語　単語を覚える（中学部1年）

目標　単語を見て、発音することができ、意味がわかる。
スペルを覚えて書くことができる。

英語の単語の読み方がわからないよ。
何か手がかりやルールはないのかな？
英語のスペルを覚えるのが大変！ 特に長い単語になると文字を抜かしたり、違う文字を書いてしまったり、文字の順序が逆になったりしちゃう。

この単元で見られるむずかしさ

- 英語の単語をローマ字読みすると、実際の英語の発音と一致しない。アルファベットの文字の発音（1文字ずつのフォニックス）を習得しても、いろいろな組み合わせで発音が変化し、また例外もあるので対応しきれない。
- cat, bed, dog, pen など3文字程度の短い単語であれば、単語全体を絵のようにイメージとしてそのまま覚えることも、アルファベットの名前読み（cat　シー、エィ、ティー）で覚えることも可能であるが、長い単語になると容易ではない。長い単語は、特に中間部分がなかなか正確に覚えられない。

なんでそうなるの？（背景をさぐる）

- 英語の単語は、長くなればなるほどよく似た線が並び、読み取りにくくなる。
- 英語の単語を読むということは、まず、文字を認識する（どのアルファベットがどの順番で並んでいるか）ということと、その発音がわかること（自分で発音できること）、そしてその意味を理解することが、それぞれ別のルートで処理され、それらを統合してはじめて完成する。これを同時に行うことが苦手。

手だての例として

- 単語を音節に分けて、発音しながら覚える。2文字以上の文字の連なりの音を対応させる（フォニックス）。
- 文字を少し変えると、似ているが異なる単語になることを確認させ、文字を少し足したり変えたりして、次々に覚えられることを見せる。
- 発音しない字や音韻の規則を教える。
- 接頭語や接尾語などの意味を示す。
- 単語の発音とスペルは連動している。書くことは分解した部分を組み立てることである。そこで、音を手がかりにして単語を書かせてみる。

手だての実践例

① まずはフォニックス通りの短い単語（cap, pen, hat など）を導入し、1文字ずつ分解して音を確認する。（しかし、アルファベット1文字の表す音を知っているだけでは、長い単語は読めない。）

② sh, th, ch, wh, ck, ph など、2文字連続で1つの音を表すもの、ea, ee, oo, ou, ow など、2つの母音で別の音になるもの、er, ur, or, ar など r がつくと舌を巻くものを紹介する。どれも文字と対応させながら、口の動きを大きく見せ、説明を加えてからまねさせる。

③ cat, cut, cap, cup pen, pin, pan など、1文字変えると別の単語になることに気づかせる。

④ eight, night, daughter などの gh や、know, knife の k は発音しないことを確認する。name, fine, home など、最後に e が来る時、その e は発音しない、a, i, o はアルファベットの名前読みになることを示す。ge, gi, gy の g は、[g] ではなく [j] と発音し、ce, ci, cy の c は [k] ではなく [s] と発音することを示す。

⑤ 接頭語の dis, im, in, un は否定の意味を表し、re はもう一度という意味を表す。また、接尾語の er, man は人を表し、tion は名詞を表すことなどを教える。

手だてのポイント

単語を音節に分解して音に変換する手がかりを与え、単語を覚えるコツをつかませることが大事です。文字と音を対応させ、読む時はもちろん、書く時も必ず声を出させる習慣をつけましょう。

（山本 喜洋子）

単元 04 英語 英単語を書く（中学部1年）

| 目標 | ワークシートにきれいに英単語を書く。 |

アルファベットの形や読み方はわかってきたけど、
ワークシートってごちゃごちゃしてるし、
上手に書くことができないよ。
今は先生に手を添えてもらって書いてるけど、
本当は自分一人で英語を書いて、どんどん勉強したいんだ。

この単元で見られるむずかしさ

・アルファベットの形、単語のまとまりをとらえられない。
・ワークシートの決められた枠の中に文字を書くことができない。
・書き始めの位置に戸惑ってしまう。
・宿題を自らできない。

例1　　　　　　　　　　　　　　　　　例2

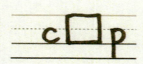

例1　マスの中に足りないスペルを入れる課題。提示するだけでは取り組むべきことが伝わりにくい。
例2　4本の線のうち、書き始めを定めるのが難しい。

なんでそうなるの？（背景をさぐる）

● 文字を構成する線同士の位置関係をとらえにくいため。
● 自ら起点を定めることが難しいため。
● とらえた位置関係にしたがって手を動かしたり、体幹を保持したりすることが難しく、自ら学習を進めにくいため。

手だての例として

● パワーポイント等を利用して、視覚的に意識しやすい教材で書かせる。

手だての実践例　●パワーポイントを活用したドリル帳の作成

① **単語を掲載したドリル帳を提示する**
　情報量を限って、取り組むべきことをシンプルに提示する。子どもに習得すべき事項が伝わりやすい（スライド1枚に1つの事項）。

② **発音を確認する（単元3を参照）**

③ **スペルを確認する（単元1を参照）**

④ **もう一度発音を確認する（単元2、3を参照）**
　文字が整わない、スペルの定着が難しい生徒については、スペル確認と同時に、それぞれのアルファベットの特徴を言語化しながら空書き（空中で手を動かして書く）することも有効。

⑤ **書く作業に入る**
　書くスペースには色をつけ、視覚的に意識しやすいようにする。書き始めがわかりにくい子どもには、3本目の補助線だけ引くと基準がわかりやすい。書字の難しい子どもは、パソコンを用い直接打ち込んで学習することもできる。

　書く場所を意識し、①～⑤の一連の手順が身につくことで、見通しを持って学習に取り組みやすくなる。

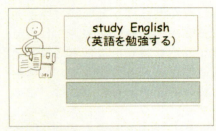
上の例に倣って英単語を記入していく

パソコンに打ち込んで学習することも可能

手だてのポイント

　中学に入ったばかりの生徒にとって、英語を書くということは新しい挑戦であり、できた時の達成感は非常に大きいです。
　書く作業は、文字の形態をとらえること、すなわち読みができていることが前提であり、学習のまとめともいうべき活動です。いきなり書かせるのではなく、読みとスペルを確認して、下準備が十分に整えられた上で書かせるのが良いでしょう。書くにあたり、パソコンを使う場合には固定キー機能を用いる等、本人に適した方法を探っていくことで、より主体的に学習が進められるようになります。

（佐々木 佳菜子）

英語であらわれる学習上の困難② 「文法」編

こんな○○で困っている子はいませんか？

（1）代名詞や人称などの文法に混乱してしまう

　中学1年から複数形や様々な人称、現在進行形などの時制などの文法事項が扱われます。これらの英単語や英語表現は日本語の言語構造とは違うものが多く、肢体不自由のある子どもの中には、どのシチュエーションでどの単語や表現が使われるのか、イメージすることが苦手な様子が見られます。また、ALTや教師との会話内での失敗を過度に恐れる生徒もいて、授業内での発言が消極的になってしまい、文法事項の入ったシチュエーションの情報が理解しづらくなるといった様子も見られます。

（2）文中の主語と動詞をおさえずに読んでしまう

　日本文と英文の構造の違いから、英文中でエッセンスとして主語と動詞を見つけることが苦手な様子が見られます。また、人が主語でない場合（無生物主語）、よりイメージが難しく、その中から主語と動詞を見つけるのは困難です。その結果、英文の意味を曖昧にとらえてしまうことがあります。

【 Business takes my father to New York. 】

なんでそうなるの？（背景をさぐる）

こうしたむずかしさの背景として考えられることには、主に次の点が挙げられます

（1）代名詞、人称などの文法理解

① 経験や体験の不足から、単語や表現の具体的イメージが浮かびづらい。
例えばリンゴを2つ、3つ持つことや、触ったことがない場合、英文から具体像が浮かびづらく、複数形のイメージにも結びつきにくい。
② 日本語の語彙力の不足から、英単語の意味を一義的に理解しようとしてしまう。
③ 自分を基点とした他者の状況などの変化（例えば三人称や時制）を理解することが苦手。

（2）主語と動詞を見つけること

① 日本語の話し言葉では、主語が省略されることが多いことに加えて、経験や体験の不足から主体と客体のイメージが身につきにくいため、話し言葉でも主語が必ず出てくる英語の学習にも影響している。
② 肢体不自由のある子どもの場合、動きをイメージすることに難しさが見られる。自らの動き（自動詞的なもの）より他者への働きかけとなる（他動詞的なもの）イメージが持ちづらい。
③ 主体と客体のイメージが曖昧な子どもの場合、主語が自分以外の時や日本語では表現されることの少ない無生物主語の場合など、複雑なイメージの処理が必要となり、類推することがうまくいかない。

手だての例として

（1）代名詞、人称などの文法理解

① 視覚教材、図などを利用して文法事項の学習に見通しを持たせる。
② 絵で見てイメージする文法教材などを利用して、子どもが文法事項をイメージしやすい環境をつくる。　　　　　　　　　　　　　　　　　　　　　　　　　　　など

（2）主語と動詞を見つけること

① 日本語の書き言葉の段階から、主語と動詞の概念の違いをしっかり確認する。
② 視覚教材を利用して、文章のシチュエーションや主語をイメージしやすくする。
③ 文章の中で主語と動詞を視覚的に認識できるように色分けする。　　　　など

（三浦　義也）

単元 05 英語　代名詞を使ってみよう（中学部1年）

| 目標 | 代名詞を使って、自分、身の回りの人や物を表現できるようになる。 |

代名詞ってむずかしい。
人の数や物の数によって言い方が変わるし、ALTが話していても、どんな時にどの代名詞を使うのかわからなくなっちゃう。

この単元で見られるむずかしさ

・名詞の状態（単数、複数、態）によって変わる代名詞に混乱するため、どの代名詞が文章に合っているのかわからなくなる。

なんでそうなるの？（背景をさぐる）

● 経験や体験の不足から、単語や表現の具体的イメージが浮かびづらい。代名詞の場合、日本語と違った単複同型の概念などは特に難しさを感じるようである。
● 日本語の語彙力の不足から、英単語の意味を一義的に理解しようとしてしまう。
● 自分を基点とした他者の状況などの変化（例えば三人称や時制）を理解することが苦手。

手だての例として

● 視覚教材、図などを利用して文法事項の学習に見通しを持たせる。
● 絵で見て状況をイメージさせる教材などを利用して、子どもが文法事項をイメージしやすい環境をつくる。

手だての実践例　●具体的にスモールステップで「代名詞」を体験

①実際の場面の中で体を動かしながら、英語でやりとりをする。

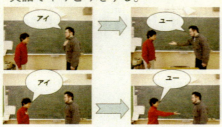

②実際の人（ALTと生徒）を示して、三人称を導入する。生徒数が足りない場合は他のクラスメイトの写真などで代用しても良い。

③人から物へ（教室内のいろいろな物を指していく）

④絵で場面を示し、口頭によるやり取りをする。

⑤複数形の概念に移る時は注意が必要。
　⇒必ず単数形が口頭で言えるようになってから導入する。

⑥複数形も、様々な状況を実際に体験することで理解しやすくなる。口頭で間違いなく説明できるまで、何度も練習する。

※絵を使わずに難易度を下げ、より具体的にイメージできるようにする場合、著名人の写真を使うことも有効。

手だてのポイント

　全ての段階で言語習得の順序（聞く→話す→読む→書く）を崩さずに教えるため、書字はここでは扱いません。具体物から抽象物にスモールステップで体験させるために、一度に代名詞を全部示すのではなく、まずIとyouを示し、完全に使いこなせるようになってから、heとsheを教えます。どの場面でも最初は教師主導で発話して、しっかり聞かせます。生徒がしっかりリピートできるようになってきたら、教師は発話をできるだけ減らしていくのがポイントです。その後itを理解して単数が完全に使いこなせるようになってから、theyを導入していきます。特に単複同型you、単数と複数形の違うtheyなどは日本語にない概念で、実際に経験したことがないためしっかり体験させる必要があります。

　実践例では、それぞれの場面を対比して具体的に示すことで、生徒に理解しやすい状況をつくります（I ⇔ You　He ⇔ She　It ⇔ They）。授業内では代名詞を英語の感覚で理解することを目標とするため、日本語を使うことはできるだけ避けましょう。

（三浦　義也）

Column 4
文字や図表の拡大について

　通常学級の支援で学習がスムーズに進んでいない時に、手始めとして、文字や図表の拡大と問題数を少なくすることを勧めてきました。比較的手軽ですぐに実行できて効果的な支援の内容だと思っていました。ところが中高生のケースから、拡大すると「文章が読みにくい」「必要な個所を見つけにくい」「定期試験では解答しにくい」等の不満が出てきました。これらのケースで、それぞれ学校で使用されているプリント類を集めて、使用感をたずねてみました。意外なことに手書きのプリントが支持されていました。読みやすいとされたプリントを分析してみると、他のプリントと比べて行間が少し空いているということと分かち書き風になっていることが共通していました。文字の大きさは読みやすさには関係していないようでした。
　図表では、拡大より色分けや強調によって情報を整理したり、図表の情報自体を少なくすることが「必要な個所」を見つけることに有効であることがわかりました。
　後に桐が丘の高等部の生徒に、フォント、ポイント数、行間で読速度や検索時間に差が出るかどうかの検査をしました。結果は、ポイント数により読速度や検索時間には差は見られませんでした。文字や図表の拡大は有効な支援の手段であることは確かです。一方で、他の配慮・工夫と同様になぜ拡大するのかを子どもの状態から明確にしておく必要はあります。ある中学生の場合では、拡大を有効にするために、目的に応じて拡大率を3段階程度に分けたプリントを担任の先生が用意していることもありました。

（城戸　宏則）

Column 5
白黒反転定規と分度器について

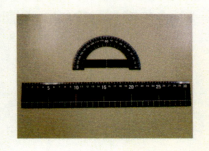

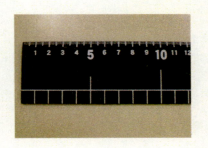

　視覚障害教育で開発された白黒反転定規や分度器の有効性が明らかになってきました。通常学級の先生方に、肢体不自由にある子どもの「見えにくさ」への配慮・工夫の一例として見ていただくために、支援に出かける時はいつも携帯していました。研修会等でも紹介され、広く使用されるようになっています。広く利用されるようになると「使用してみたけれどあまり効果的ではない」との感想も寄せられるようになりました。これはどの手立てや配慮・工夫でも共通ですが、白黒反転定規や分度器には「見えにくさ」に有効な要素があり、個々の子どもの状態に応じてその要素を活用するように指導する必要があります。

　白黒反転すると、数字や目盛が大きく見えるとか、本体が黒であるために余計な線が見えなくなるなどの使用感を持つ子どもが多いようです。このような使用感を持つ子どもには、与えるだけで有効性が確かめられます。ところが定規や分度器がうまく使えない子どもの中には、「最初にどこを見たら良いのかわからなくなる」「次にどこを見たら良いのかわからなくなる」「何をガイドにして眼を動かしていったら良いのかわからなくなる」と訴える子どもも多くいます。これに対して白黒反転定規や分度器には、「最初に見る基点が明確になっている」「眼の動かし方のガイドがある」等の要素が備わっていますが、子どもに渡して使用させるだけでは、これらの要素を活用できません。測り方の指導をする必要があるのです。白黒反転定規で指導していくと、これまで使用しにくかった普通の透明の定規でも計測できるようになることもあります。

（城戸　宏則）

図画工作・美術科であらわれる学習上の困難 ①　「表現」編

こんな○○で困っている子はいませんか？

（1）写実的に描きたい欲求はあるが、本人が表現したいものと異なり、図式的な描き方になってしまう

　子どもの中には、見えたように写実的に描きたい欲求はあるものの表現できず、図式的な描き方になってしまい、表現することが嫌いになってしまうケースがあります。（ここで言う「図式的な描き方」とは、例えば家を三角屋根に四角の壁など、固定のパターンで描くことを指します。）

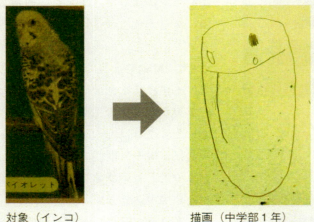

対象（インコ）　　　　　　描画（中学部1年）

「小学校の学習百科図鑑 30　生きものの観察と飼育」
小学館　1980年 より引用

（2）全体のバランスをとることが難しく悩んでいる

　部分ごとでは思った通りに描くことができますが、全体を見ると、子どもが意図したものとは違いバランスが崩れてしまうケースがあります。

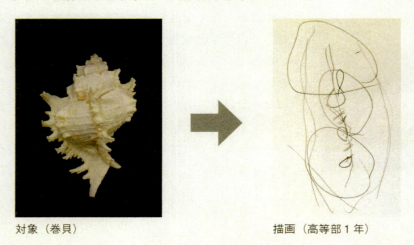

対象（巻貝）　　　　　　　描画（高等部1年）

なんでそうなるの？（背景をさぐる）

① 対象の持つ色や形、匂いや手触りなどの情報を整理しきれない。
② 対象の持つ図形情報から、輪郭線などの情報をうまく抜き出してとらえられない。
③ 奥行きや物と物の位置関係などの空間を、感じることやとらえることが苦手。
④ 幅や大きさなどのバランスをうまくとらえられない。
⑤ 描いている途中、描く際の基準としていた位置がわからなくなってしまう。
⑥ 部分と全体の関係を確認しながら、形をつくることが苦手。
⑦ 描きたい位置と、実際に描く位置がずれてしまう。

手だての例として

「児童生徒自身が表現したいもの」を追求できるよう考慮しながら、手だてを講じる必要があります。

① 対象を見えやすくするために、対象の下や背面に無地の色画用紙を置く。例えば、対象が白いものであれば、灰色の画用紙を用意するなど明度差のある色を選択する。
② 対象を見るだけでなく触って感じ取るなど、視覚以外の感覚も使い、視覚で感じ取ることが苦手な部分を補う。
③ 対象から感じ取った形や色や情感を言葉にして理解するように指導する。場合によっては言葉を書きとめ、イメージを一つ一つまとめるよう促していく。
④ 対象の基準となる場所を確認し、その部分に色粘土の印をつけることや、描画の際、基準となる部分を濃く鉛筆で描くことを指導する。
⑤ 部分をつくる時間と、全体をつくる時間を分けて行うよう指導する。場合により、見る時間、感じ取って理解する時間、つくる時間を分けて取り組むよう指導する。

など

（永江 智尚）

単元 01 図画工作　夏休みの思い出（小学部3年）

目標　夏休みに見たことや感じたことを表現する。

いろいろなことを考えたり、観察したりするのは大好きなんだけど、絵を描くのは苦手なんだ。「思ったことをそのまま描けば良いのよ」て言うけど、何から始めて良いのかわからなくなっちゃう。

この単元で見られるむずかしさ

・描き始められない、もしくは長考し時間がかかる。
・○や△など、簡単な形の絵を描いて終わりとしてしまう。

なんでそうなるの？（背景をさぐる）

- 対象の持つ色や形、匂いや手触りなどの情報を整理しきれない。
- 対称の持つ図形情報から、輪郭線などの情報をうまく抜き出してとらえられない。

夏休みに行った大きなスクリーンの映画館上手に表現できないなぁ…

手だての例として

- 対象を見るだけでなく触って感じ取るなど、視覚以外の感覚も使い、視覚で感じ取ることが難しい部分を補う。
- 対象から感じ取った形や色や情感を言葉にして理解するように指導する。場合によっては言葉を書きとめ、イメージを一つ一つまとめるよう促していく。

| 手だての実践例 | ●授業の時間以外に、週末や長期休暇の宿題として観察絵日記を取り入れる |

① いろいろな情報を整理できる書式の観察表をつける。
② 授業中に教師と、思いや感想などのやり取りをする。

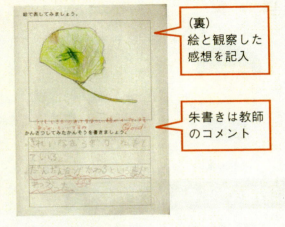

（表）
イチョウの葉の観察記録日記
触覚、嗅覚、聴覚、味覚、形の特徴、模様や文字情報を一つずつまとめる

（裏）
絵と観察した感想を記入

朱書きは教師のコメント

③ ①②を10回程度繰り返す。
④ 絵を描くことに慣れてきたら、絵と文だけの絵日記をつける。

　観察日記の内容は、絵を描くことへの苦手意識に配慮して、形が簡単で身近なものから、徐々に抽象的な内容を表現するものに移行します。
内容例：タオルの観察→消しゴムの観察→いつも使っている食器の観察→桜の落ち葉の観察→イチョウの落ち葉の観察→お気に入りの服の観察→冬らしいものを見つけて観察→長丸のものを見つけて観察→筒状のものを見つけて観察→冬休みにあったこと

手だてのポイント

　教師が近くで指導しなくても、子どもが将来にわたって主体的に表現活動を行えるように、自分なりの見方を身につけられる力を育めるような指導が大切です。

（松田　泉）

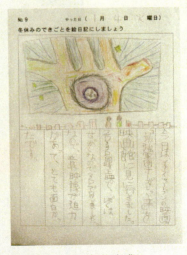

表現豊かな絵日記の完成

単元 02 美術　ガラス de アニマル（中学部1年）
―陶芸用粘土・ガラス・釉薬を使い半立体的な絵を描く―

目標　つくりたい動物から感じ取った特徴を基に主題を生み出し、全体と部分との関係などを考えて創造的な構成を工夫できる。

写実的に表現したい思いがあるんだけど、絵に表そうとするとうまく描けないよ。

この単元で見られるむずかしさ

・表現したいものと実際描いたものが異なることはわかるが、どのように表現すれば良いかわからない。

なんでそうなるの？（背景をさぐる）

- 対象の持つ色や形、匂いや手触りなどの情報を整理しきれない。
- 部分と全体の関係を確認しながら、形をつくることが苦手。

スケッチ

粘土でつくる

→ 素焼き →

釉薬・ガラス

→ 本焼き →

完成

手だての例として

- 対象から感じ取った形や色や情感を言葉にして理解するように指導する。場合によっては言葉を書きとめ、イメージを一つ一つまとめるよう促していく。
- 部分をつくる時間と、全体をつくる時間を分けて行うよう指導する。場合により、見る時間・感じ取って理解する時間・つくる時間を分けて取り組むよう指導する。

手だての実践例　　●特徴を言語化し、一つ一つ分けて描くよう促す

① 特徴を言語化するよう促す。
　　教師が具体的な形を言葉で伝えず、子どもが見て感じたものを引き出すよう発問する。

教師の発問
- どんな形に見える？
- どんな楕円？
- 他に感じたことある？
- 体の部分で何かある？

子どもの発言
- 楕円に見える
- 縦が長い楕円
- 頭がU字型で、体よりちょっと狭い
- 体にある羽の下が「ピュッ」となってる

② 見て感じたものを、一つ一つ順番に描いていくよう促す。
　　この実践例では、「縦が長い楕円」を描き、「頭がU型で体よりちょっと狭い」をつけ加えるように次に描くなど、生徒が選んだ順番で一つ一つ描くよう促した。本人の希望で全て描き直す場合も、以前描いたものを保存しておき、違いがわかるようにしておく。

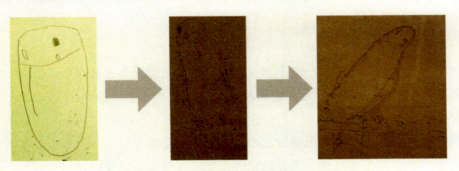

見て感じたことを順番に表現していく

手だてのポイント

　この手だてによる描き方が一手法であることを念頭に置き、子どもの主体的な描き方を阻害しないように配慮する必要があります。あくまで、子どもとのやり取りから一緒にイメージの組み立て方を模索し、描き方を考えていくことが大切です。

（永江　智尚）

単元 03 美術　粘土で巻貝をつくる（高等部1年）

目標　感じ取られる物の重さや躍動感など造形的諸要素をとらえ、量の構成を工夫し、主題を追求することができる。

物の重さとか躍動感って難しいな。立体での表し方も良くわからないよ。

この単元で見られるむずかしさ

・視覚でもののかたちをとらえることがうまくいかない。
・全体のバランスが、意図と異なり崩れてしまう。
・平面よりも立体の方が、かたちがわからなくなる。

なんでそうなるの？（背景をさぐる）

● 対象の持つ色や形、匂いや手触りなどの情報を整理しきれない。
● 対象の持つ図形情報から、輪郭線などの情報をうまく抜き出してとらえられない。
● 奥行きや物と物の位置関係などの空間を感じることやとらえることが苦手。
● 幅や大きさなどのバランスを視覚的にとらえられていない。
● 部分と全体の関係を確認しながら、形をつくることが苦手。

手だての例として

● 対象を見えやすくするために、対象の下や背面に無地の色画用紙を置く。例えば、対象が白いものであれば、灰色の画用紙を用意するなど明度差のある色を選択する。
● 対象を見るだけでなく触って感じ取るなど、視覚以外の感覚も使い、視覚で感じ取ることが苦手な部分を補う。

- 対象から感じ取った形や色や情感を言葉にして理解するように指導する。場合によっては言葉を書きとめ、イメージを一つ一つまとめるよう促していく。
- 部分をつくる時間と、全体をつくる時間を分けて行うよう指導する。場合により、見る時間・感じ取って理解する時間・つくる時間を分けて取り組むよう指導する。

手だての実践例

① **特徴を言語化するよう促す。また、一つ一つ分けてつくるよう促す。**
（単元２「ガラス de アニマル」参照）

② **見えやすくなるように、対象の下と背面に無地の色画用紙を置く。**
輪郭線に近い部分をつくる場合などで有効。ただし、対象の奥行きなどを感じ取る時は逆効果になることもある。

③ **対象を見るだけでなく触って感じ取るなど、視覚以外の感覚も使うよう促す。**
子どもが一様の触れ方しかしていない場合、様々な触れ方を提示する。例えば、「手の平で包むように触れて量感を感じる」「指先でなでるように触れ、かたちの移り変わりを感じる」「指先や両手で挟むなどして厚みや奥行きを感じる」など。

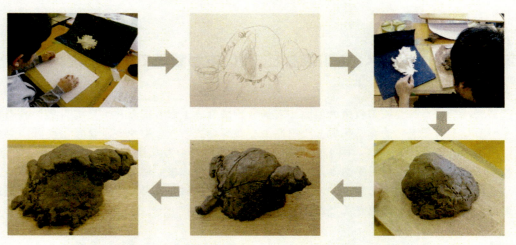

視覚以外の感覚も使って特徴をとらえ、部分と全体を分けてつくり上げる

手だてのポイント

　①〜③の手だては順番に行うのではなく、場面ごとに複数用いて指導に当たります。その時々で子どもにはどのように見えていて、どのようにとらえているかを発言や作品から判断し、どの手だてがどの場面で有効であるかを子どもと一緒に考えていくことが重要と考えます。

（永江　智尚）

図画工作・美術科であらわれる学習上の困難 ②　「用具や材料の扱い」編

こんな○○で困っている子はいませんか？

（1）水彩絵の具をうまく使えない。筆がバサバサになり、パレットや筆洗器が鈍い色でいっぱいになってしまう

　小学校の中学年頃までにマスターしたい水彩絵の具の扱いですが、絵の具、筆数種類、パレット、筆洗器、筆拭き用タオル等と、意外に必要な用具が多いものです。筆を根本から押しつけてバサバサさせながら扱う、授業の始めにちゃんと絵の具を並べたのに、いつの間にかパレットの上が鈍い色でいっぱい、筆洗器も全部同じような汚れた色でいっぱいになってしまう……。目的に合わせて必要な用具を適切に扱うことが難しく、最終的にはいつも本人の望まない同じような色合いの作品になってしまうという様子が見られます。

（2）鉛筆やクレパス、色鉛筆など、使い方が簡単で慣れた道具だけを使って表現してしまう

　書字だけでなく、普段の授業の場面でも扱う鉛筆は、子どもにとってとても扱いの慣れた親しみのあるものです。それに類似した色鉛筆やクレパス、ペンやマジックなども扱いやすく気軽に使用できるものですが、図工や美術の授業ではいろいろな用具や材料を学習しています。まわりに様々な用具や材料があるにもかかわらず、自分の扱い慣れたものだけを使っていつも同じような表現になってしまう、または表現したいことはあるのに、それに合わせて用具や材料を選択したり効果的に使うことが難しかったりします。

なんでそうなるの？（背景をさくる）

こうしたむずかしさの背景として考えられることには、主に次の点が挙げられます

① うまく握ったり保持したり動かしたりすることができない。力が入りすぎたり、弱かったりする。
② 腕などの可動域が狭い。
③ 用具や材料を遠くに離したり、近くに寄せにくい。
④ 姿勢の保持が難しく、偏った場所に体重がかかり安定しない。
⑤ 両手を同時に使うことが難しい。
⑥ 見えづらい色や形がある。
⑦ 用具や材料が見える位置にない。
⑧ 用具や材料に関する知識が少ない。
⑨ 用具や材料の扱い等の経験が不足している。
⑩ 記憶の定着が難しく、扱い方をいっぺんには覚えられない。

手だての例として

　小学生になる前の遊びの経験などが少ない場合も多く、他の子どもに比べて物事を関連づけて覚えることが苦手なこともしばしば見られ、一度学習しただけではその扱い方が定着しないことが考えられます。補助具に関しては、教師主導で補助具を提供すると、その後の想像力の妨げになることも考えられます。様々な用具や材料を扱う教科だけに、できれば子どもの主導で、自らの意志で取り入れられるようにします。このようなことを念頭に置き、子どもの動きの特徴などを踏まえて手だてや配慮を設定していきます。

① 用具や材料を扱いやすい姿勢を保持する。
② 用具や材料が子どもの目線や視力、視野で見渡せるか確認する。
③ 用具や材料が子どもの可動域の範囲で扱いやすい場所にあるか確認する。
④ 用具や材料の基本的な扱い方を、教師と一緒に一つずつ確認する。
⑤ 用具や材料を保持したり扱いやすい方法を、子どもと相談しながら工夫する。
⑥ 子どもの様子に応じて、段階を踏んで学習を進める。
⑦ できたことや前回の学習内容を、折に触れて復習する。

（松田　泉）

単元 04 図画工作　みんなのビッグスター（小学部3年）

| 目 標 | 水彩絵の具を使って、自分に与えられた場所を楽しく彩れる。 |

水彩絵の具って楽しくて大好きなんだけど、
気がつくと絵がきたない色ばっかりになっちゃうんだ。
みんなきれいな色で上手に塗れるのに、
なんで僕だけこうなっちゃうのかな？

この単元で見られるむずかしさ

・水彩絵の具の道具や材料が思った通りにうまく使えない。
・道具の準備や片づけが苦手で、待っている時間が多い。
・水彩絵の具を使用する時の一連の作業の定着が難しい。

筆に力を入れすぎて先がばさばさ

よく洗えていないのに次の作業に移ってしまうので、筆洗器やパレットが汚くなってしまう

なんでそうなるの？（背景をさくる）

● 用具や材料に関する知識が少ない。
● 用具や材料の扱い等の経験が不足している。
● 記憶の定着が難しく、扱い方をいっぺんには覚えられない。

手だての例として

● 用具や材料を扱いやすい姿勢を保持する。
● 用具や材料が児童の目線や視力、視野で見渡せるか確認する。

- 用具や材料が児童の可動域の範囲で扱いやすい場所にあるか確認する。
- 用具や材料の基本的な扱い方を、教師と一緒に一つずつ確認する。
- 用具や材料を保持したり扱いやすい方法を、児童と相談しながら工夫する。
- 児童の様子に応じて、段階を踏んで学習を進める。
- できたことや前回の学習内容を、折に触れて復習する。

手だての実践例

① 道具の名前を覚えやすい名前で学習させる。
（例）筆洗器 → 「筆洗いバケツ」　　タオル → 「筆ふきタオル」

② 絵の具の使い方の基本を一つずつ学習させる。
③ 作業がしやすくなるように児童と考える。
④ 後かたづけでパレットや筆を洗う。

パレットは横向きに置くと見えづらく、使いにくいので利き手側に縦方向に置くと良い。

車いすからは筆洗器の中身が見えづらいので、低い位置に置くと良い。筆が洗えたかどうかも見やすい。

手だてのポイント

　一人で物が保持できなかったり、使う位置に持ってこられない児童にとって、道具の名前を覚えることは指示を出す上でも大変重要なことです。名前を覚えることによって、その扱い方や使用方法が定着することもあります。
　絵の具の出し方、筆の洗い方など一つの作業を覚えることにも時間がかかることもあります。折に触れて何度も確認したり、復習したりして一連の動作をスムーズに行えるまで丁寧に指導する必要があります。また、準備や後片づけを行うことも、道具の特徴や色の特徴を経験的に学ぶ良い機会なので、積極的に行いたい活動です。

きれいな色彩のビッグスターの完成

（松田　泉）

音楽科であらわれる学習上の困難 ① 「歌唱」編

こんな○○で困っている子はいませんか？

　大声で叫ぶように歌う、声域の幅が狭い。言語障害のため、はっきり発音することや、曲の速さに合わせて歌うことが難しい。歌詞の意味や情景を想像することが難しい。

　楽しく元気良く歌いたいために、力任せに思いっきり歌ってしまうことがよくあります。声域が極端に狭く、高い音も低い音も音程が外れてしまう子もいます。注意すると、萎縮して、声を出さなくなってしまうこともあります。普段は大声でしゃべっているのに、みんなの前に出ると蚊の鳴くような声になってしまったり、全く歌わなかったり、はじめから「できない」と言って、練習に取り組まず、演奏や発表に尻込みしてしまうこともあります。

　また、積極的に声を出していても、言語障害や、体幹の維持が難しいことなどにより、発音が不明瞭で曲の速さについていけないことや、しぼり出すような声になってしまうことがあります。前奏や間奏を待ちきれずに飛び出して歌ってしまう、歌っているだけで手足の緊張が高まり、のけぞるような姿勢になってしまうこともあります。

　また、自然の豊かな場所で遊んだことがない、ブランコに乗ったことがないなど、経験の不足から、様々な情景をより深く理解することが難しいことがあります。

なんでそうなるの？（背景をさぐる）

こうしたむずかしさの背景として考えられることには、主に次の点が挙げられます

① 姿勢が悪かったり、体に余計な力が入っていることが多く、呼吸が浅く腹式呼吸が難しいため、歌唱に適した発声がうまくできない。
② 音の高低を聴き、自分の声の高さとの違いを注意深く聴き取って、音程を合わせたり、修正したりすることが苦手。
③ 正しいか間違っているかを気にして、失敗することを恐れ、みんなの前で自分なりの表現をすることに消極的になってしまう。
④ メロディーは覚えているが、歌うことと同時に拍や拍子を刻むことが難しいため、休みの拍を数えることが苦手。
⑤ 歌詞の意味や、曲の情景を今までの経験から想像して、イメージをふくらませることが難しい。

など

手だての例として

生活の中でのいろいろな経験不足も、表現力の乏しさにつながっていると考えられます。これらの実態をおさえ、手だてや配慮を設定していきます。

① より良い姿勢がとれるような声かけや、座り直しを促す。体がリラックスできるような姿勢をとらせる。
② 発声練習やゲームの中で、音の高低を聴き分けたり、高い声、低い声を出したりして、音や声の変化に意識を集中する。話し言葉を含むいろいろな声の表現をして、表現の幅を広げ、歌唱表現につなげる。
③ ゲームなどを通して、自由な発想を楽しみ、友達同士の表現を認め合う活動を取り入れ、自信を持って表現できるようにする。
④ 拍や拍子を体で表現し、リズム感を養う。
⑤ 歌詞の意味や情景を丁寧に解説していき、絵、写真、ビデオや具体物を用いて、イメージを広げる。

など

（黒鳥　由里子）

単元 01 情景をイメージしながら歌おう
音楽 （小学部低学年）

| 目標 | 歌詞の内容を知り、情景や気持ちを想像しながら歌う。 |

歌いたいけど、聞いたことがない言葉が並んでいて、歌いにくいな。
どんな意味なのかわからないし、歌っていてもどんな風景なのかイメージがわいてこないんだ。

この単元で見られるむずかしさ

・歌おうという気持はあるのに、歌うタイミングをつかみにくかったり、緊張して声が出なくなってしまったりする。
・言葉の意味がわからない。
・言葉の意味がわかっても、イメージしにくい。

なんでそうなるの？（背景をさぐる）

● 姿勢が悪かったり、体に余分な力が入っていることが多く、呼吸が浅く腹式呼吸が難しいため、歌唱に適した発声がうまくできない。
● 歌詞の意味や、曲の情景を今までの経験から想像して、イメージをふくらませることが難しい。

手だての例として

● より良い姿勢がとれるような言葉かけや、座り直し、身体がリラックスできるような姿勢をとらせる。
● 歌詞の意味や情景を丁寧に解説していき、絵、写真、ビデオや具体物を用いて、イメージを広げる。

手だての実践例

■みんないっしょに「手遊び歌♪」

リラックスした姿勢作りのために、歌う前に「頭・肩・膝・ポン」「頭、肩、膝、足と手」や「お寺の和尚さん」「どんな色が好き」などの体を使った手遊び歌を行うようにする。

体を使った手遊び歌

■思わず見ちゃう「歌かみしばい」
～歌詞の内容を絵にして伝える～

① 子どもの実態に合わせてページの枚数を決め、歌詞の内容を絵や写真にする。

B4サイズの画用紙が扱いやすく子どもたちにも見やすい。（子どもの実態に応じて作る。）

手づくりの歌かみしばいを作成しファイルにとじる

② 画用紙に貼る。
③ ファイルにはさむ。
④ 見せながら歌う。

はじめて子どもたちに見せる時には、絵を見せながら言葉を伝えるようにする。歌う時には、子どもたちの視界に入るように提示する。

絵を見ながら歌詞をイメージする

手だてのポイント

「歌かみしばい」では、より親しみが持てるように、良く目にする学校の風景や、子どもたちが写っている写真、子どもたちが興味のあるもの、好きなものを使うことも有効です。声が思うように出なかったり、活動に集中することが難しかったりしても、絵にじっと見入ったり、動きを止めて曲を静かに聞いたり、みんなで楽しむことができます。子どもたちの興味をひきつけられるオリジナルの紙芝居をぜひ作ってみてください。

（別所 寿美）

音楽科であらわれる学習上の困難 ②　「器楽・読譜」編

こんな○○で困っている子はいませんか？

（1）自分一人なら何とか演奏できるが、みんなと一緒の速さで演奏することが難しい。一定のテンポをキープすることが難しい

　演奏時は楽器全体の形や構造を視認することができず、さらに指先の動きが硬いため、全部の穴を上手に塞げない子どもが多く見られます。しっかり塞ごうとして穴をのぞき込んで確かめたり、一方の穴を塞ぐことに気をとられたりすると、他方の穴に隙間が生じてしまいます。これは、指の長さは一本ずつ異なりますが、一直線上に等間隔に並んでいる穴に指の位置を合わせなければならないというリコーダーの形の特徴にも起因しています。

　さらに、このような子どもは左右の区別が苦手でもあるので、キーボードでは、右に行くほど音が高くなることがわかりにくく、一音ずつ鍵盤を探したり、高いドと低いドが混同することがあります。

　また、自分のペースでなら演奏できますが、一定の速さを保ちながら演奏することが難しいことも多く見られます。合奏するとみんなの速さに合わせられないことに焦ってしまい、どこを演奏しているのかがわからなくなってしまうこともあり、「楽器がうまくできないので合奏は楽しくない」という苦手意識を持ってしまいます。

（2）楽譜がスムーズに読み取れない

　楽譜の構造が複雑で、必要な情報を読み取ることが困難です。具体的には、五線と音符を見分けにくく、五線の何番目に音符が書かれてあるのかを判別することが難しい、数行がまとまりになっているので、どこを見たら良いかわからず、曲の進行に合わせて目で追うことも苦手です。また、楽譜の中から繰り返し記号や、指示されている場所を素早く見つけることも難しいようです。

　楽譜や曲を良く理解しないまま練習しているので、練習してもなかなか積み重ならず、一曲仕上げるのに大変な時間がかかってしまいます。もしくは途中で断念ということにもなってしまいます。

なんでそうなるの？（背景をさぐる）

こうしたむずかしさの背景として考えられることには、主に次の点が挙げられます

（1）器楽

① 指先を一本ずつ動かすことが困難。リコーダーの場合、穴を塞いでいるかどうか指先の感覚だけで判断することが難しく、鍵盤楽器では「ドレミ…」の階名とキーボードの鍵盤の並び順が同じであることの理解が難しい。
② ダンス、行進、なわとびなど、音楽やリズムに合わせた身体運動の経験が少ないため、一定のテンポに合わせて楽器を演奏することがうまくできない。

（2）読譜

① 線の重なりをうまく見分けられず、符号を探し出すことが苦手。
② 楽譜を読みながら、楽器の演奏をすることがうまくできない。

手だての例として

視覚的な見えにくさや、全体や立体のとらえにくさが、楽器や楽譜を理解する上で混乱を招いていると考えられます。

（1）器楽

① 楽器を演奏する前に、手指の感覚を高める準備（手遊びなど）をする。目をつぶって指を動かすなど、指を動かすイメージを高める。リコーダーの穴の周囲にスポンジなどで凹凸をつけ、穴の位置をわかりやすくする。片手用リコーダーを使用する。他の楽器で代替する。実態に合わせて編曲する。
② 楽器のしくみ（左右）や指使い（開閉）を言葉で表し、わかりやすくする。
③ 様々な音楽やリズムに合わせた身体表現、自由な表現を楽しむ活動を積極的に取り入れる。

など

（2）読譜

① 余分な情報を取り除いたパート譜や、歌詞カードに記号を記入したシートを用いる。
② リズムや階名をたくさん歌い、ある程度覚えてから楽器の練習をする。

など

（黒鳥 由里子）

単元 02 音楽
美しいハーモニーを感じながら合奏しよう（小学部高学年）

目標
自分の担当するパートと他のパートとを聴き合い、音の重なりから生まれた響きの音楽に関心を持つ。拍の流れを感じながら演奏する。

楽譜って読むの苦手だな。
メロディーは覚えたんだけど、他のパートと合わせると、拍が合っているのか合っていないのか良くわからないんだ。

この単元で見られるむずかしさ

- 拍の流れを無視して演奏してしまう。
- 楽譜から曲の構成を読み取ることがうまくできない。
- 読譜に時間がかかると全体で音を合わせる練習が十分行えない。

なんでそうなるの？（背景をさぐる）

- ダンス、行進、なわとびなど、音楽やリズムに合わせた身体運動の経験が少ないため、一定のテンポに合わせて楽器を演奏することがうまくできない。
- 線の重なりをうまく見分けられず、符号を探し出すことが苦手。五線の何番目に音符が書かれてあるのかをうまく区別できない。

手だての例として

　様々な楽器を使い、複数のパートからなる合奏には、全員で共通の拍子を感じながら演奏することが不可欠です。本来であれば、各声部の音の重なりは、全員の基準となる楽譜より情報を得ることができますが、複数の情報を一度に理解したり、線の重なりからなる五線や音符を見分けることができないといった、読譜力がつきにくい児童が見られます。手だてとしては、全員の共通する基準を楽譜ではなく、なじみのある歌唱に階名（ドレミ）をつけた歌詞カードを使い、合奏へと展開させます。

- 歌を良く聴き、メロディーや歌詞を覚えて歌えるようにする。
- 主旋律と副旋律のパートに分かれ、担当する旋律を階名（ドレミ）で歌えるようにする。
- 鍵盤上での指の動きを覚えた後、主旋律と副旋律を合わせる練習をする。歌詞カードに拍の最初をわかりやすく提示しておくと、2つのパートの拍が合いやすくなる。
- 余分な情報を取り除いたシンプルなパート譜を個別に作成する。途中でめくりのない楽譜を用意する。楽譜ではなく歌詞カードで曲の構成をとらえる。
- リズムや階名（ドレミ）をたくさん歌い、ある程度覚えてから楽器の練習をする。

手だての実践例

① 聴唱を十分に行い、歌唱教材の主な旋律（リズム、音程、歌詞）を覚える。
② 歌詞と階名（ドレミ）が一致するように、階名唱をする。
③ 運指や鍵盤間の移動をある程度覚えた後、歌唱を基準として、弾くタイミングを合わせる。特に、副旋律は、1拍目が合うように意識して弾く。

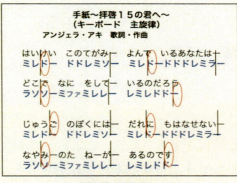

主旋律の歌詞カード

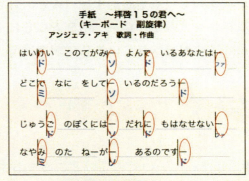

副旋律の歌詞カード

手だてのポイント

　この単元では、楽譜の代わりに歌詞カードを基にして合奏練習を行います。多くの児童は、歌を思い出しながら個人練習や全体練習をし、全員で一つの音楽を作ることができます。
　こうした方法で演奏する経験を積み重ねることにより、楽譜から曲の構造をとらえることにつながります。

（金子 幸恵）

単元 03 音楽　郷土の民謡『八木節』を合奏しよう
（中学部1年）

目標	「八木節」を合奏することによって、日本独自のリズムや節回しに親しむ。全員で息を合わせて合奏し、一体感や感動を共有する。楽譜を見ながら練習し、できるようになる達成感を味わう。

合奏は楽器ができないから苦手！みんなに合わせようとすると、どこをやってるのかわからなくなっちゃう。
楽譜を見ても良くわからないし、
一人では何を練習したら良いかわからないよ。

この単元で見られるむずかしさ

・指定されている楽器が生徒の実態に合わない。
・複雑なリズムやメロディーを表現しにくい。
・教科書に掲載されている楽譜が複雑で、混乱してしまうことがある。

なんでそうなるの？（背景をさぐる）

（1）器楽（リコーダー・鍵盤楽器を例に）
- リコーダーの穴のないところをおさえてしまう。指が数本一緒に動いてしまう。息が強すぎたり、吹き口から息が漏れたりする。
- 鍵盤楽器では、階名（言葉）と鍵盤（立体物）の並び順が対応していることが結びつかず、一音ずつ探してしまう。
- 自分のやりやすい速さで演奏するため、難しいところが遅くなり、速さが不安定になってしまう。

（2）読譜
- 曲の進行に合わせて数段ごとに進行するのを目で追いきれず、迷子になってしまう。
- 音符が五線上のどの位置に書かれているのか、わからなくなってしまう。

手だての例として

- 他の楽器で代替する。リズムやメロディーを単純にする。
- 楽器のしくみをわかりやすくする。

- リズムに合わせて楽しく身体表現する。
- パート譜を作成する。
- 1本線のリズム譜を用意する。

手だての実践例

① 生徒の実態に合わせて演奏しやすいように編曲し（リズムやメロディーを単純にする）、曲の中で参加できる部分（パート）をつくる。特に呼吸のコントロールが必要な楽器（鍵盤ハーモニカ、リコーダー）は適さないので、他の楽器（キーボード）で代替する。
② ばち（マレット・スティック）を太くして持ちやすくする。
③ 木琴は、使う鍵盤以外を外す。
④ 遊び感覚で合いの手を入れる練習をして、タイミングを合わせる。
⑤ 個別にパート譜を作成する。小節番号や練習番号をつける。短くフレーズごとに区切った楽譜を渡す。
⑥ なるべく単純な楽譜にして、十分見える大きさに拡大する。
　＊練習の成果と課題が確認できるように、パートごとに記録カードに記入する。

持ち手を太くしたばち

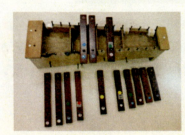

木琴　使う鍵盤以外を外した

リズムを簡略にしたキーボードのパート譜

一部分のリズムにし、短いフレーズに区切り、拡大する

手だてのポイント

　生徒の実態に合わせ、練習すればできるようになる難易度やパートに編曲し、自分で練習できるような見やすい楽譜を用意します。記録カードで課題を明らかにすれば、個人練習やパート練習を自分たちで行え、主体的に活動に取り組むことができます。
　「せーの」「そーれ」などのかけ声でタイミングを合わせるようにすれば、雰囲気がぐっと民謡に近づき、楽しく合奏できます。

（黒鳥 由里子）

単元 04 音楽　リズムにのって（小学部低学年）
【歌唱・器楽・読譜共通】

| 目標 | 拍の流れにのって正しく拍打ちしたり、身体表現したりすることができる。 |

歌に合わせて手をたたくのは大好き！
でも、ちゃんと手拍子しているのに、先生に「ずれてるよ」「よく聞いてね」「友達と合わせて」って言われちゃった。どこがずれているのかなぁ。

この単元で見られるむずかしさ

・音や音楽に合わせて体を動かすことがスムーズにできないことがある。
・拍の流れにのって手拍子を上手に打つことができない。
・一定の速度を保つことが難しい。演奏している速度が速くなったり遅くなったりする。

なんでそうなるの？（背景をさぐる）

● メロディーは覚えているが、拍や拍子のとり方があいまいなため、休みの拍を数えることが苦手。
　・拍子感を感じ取れない。
　・音の高低・強弱・長短などの違いを十分に理解していない。
● ダンス、行進、なわとびなど、音楽やリズムに合わせた身体運動の経験が少ないため、一定のテンポに合わせて楽器を演奏することが難しい。
　・体のコントロールや発語に難しさがある。
　・見てとらえることや、動きをまねすることが苦手。
　・一定の時間以上、手拍子の速さを保って打つことができない。

手だての例として

● 拍や拍子を身体で表現し、リズム感を養う。
● 様々な音楽やリズムに合わせた身体表現、自由な表現を楽しむ活動を積極的に取り入れる。

手だての実践例

■「ぴったりポン！」ゲーム～音をそろえよう～

① 先生のするポーズを良く見て、ちょうど良いタイミングで、子どもたちが手を「ポン！」と叩く。
- ハンカチを投げ、キャッチした時に「ポン！」
- 野球のバッターのポーズをし、架空のボールを打った時に「ポン！」
- ジャンプして、着地した時に「ポン！」など

② 手を叩くための準備動作（構え）ができているかどうかがポイント。良く見てとらえられていれば、みんなの「ポン」がそろう。

■「みんなで『1, 2, 3, 4』」ゲーム～拍子を感じよう～

① 四人組になり円になって座る。
② 点呼するように、一人ずつ「1」「2」「3」「4」と言う。
③ 途切れないように「1」「2」「3」「4」を続ける。
④ 手拍子を加える。（例：「1」の人は「1」と言うのと同時に手を叩く。）
⑤ 途切れないように「1」「2」「3」「4」を続ける。

※手拍子のみ、テンポや拍子を変える（拍子を変える場合は人数も変える）、音楽を流す、歌を歌いながら叩くなど、いろいろな活動が考えられる。

手だてのポイント

　一番目の実践例では、1拍目に入るための準備として、前の拍で呼吸をしたり準備動作をしたりして、1拍目に合わせられるようにすることが目的です。見るポイントを絞って、注目させるように工夫しましょう。

　二番目では、グループで活動することで、一人あたりの手拍子の数を少なくし、負担を減らしています。一定の速度を保って手拍子を打っているグループを、手本として見せてもらうと自信がつきます。

　小学部低学年の段階では、ゲームや音遊びが大好きです。拍の流れを意識的にとらえられるゲームや、身近な言葉を用いたリズム唱などを十分に学習した後、リズム奏や歌と手拍子を合わせた学習を進めることにより、リズムに対する感覚がより一層身につきます。

（若木 由香）

単元 05 音楽　音を奏でる楽しさを感じ、表現しよう（小学部高学年）
〜主体的な表現の工夫を目指して〜【歌唱・器楽・読譜共通】

目標
豊かな発想を楽しみながら、言葉や音などで表現し、気持ちを開放することができる。
五感を生かしながら、表現の工夫を追求することができる。
音の響きを良く聴き取り、友達と合奏する楽しさを味わう。

楽器を演奏するのは苦手だ。
音程、リズム、テンポをみんなに合わせて演奏しようと頑張っているけれど、正確にはできないよ。
他人と違うことを表現するのは恥ずかしいし、自分の表現法に自信が持てないよ。

この単元で見られるむずかしさ
・合奏に対し苦手意識が先行し、伸び伸びと自己表現することに恥ずかしさを感じる。
・自分の演奏に精一杯で、友達の音が聞こえないことがある。

なんでそうなるの？（背景をさぐる）
● 正しいか間違っているかを気にして、失敗することを恐れ、みんなの前で自分なりの表現をすることに消極的になってしまう。
● ダンス、行進、なわとびなど、音楽やリズムに合わせた身体運動の経験が少ないため、一定のテンポに合わせて楽器を演奏することが苦手。楽しく演奏する経験も少ない。

手だての例として
● ゲームなどを通して自由な発想を楽しみ、友達同士の表現を認め合う活動を取り入れ、自信を持って表現できるようにする。
● 様々な音楽やリズムに合わせた身体表現、自由な表現を楽しむ活動を積極的に取り入れる。

手だての実践例
● 静かな空間の中で、拍節のない音の雰囲気を味わう
〜季節感を取り入れて〜（秋の自然や植物など）

① 色鮮やかな落ち葉、ドングリ、松ぼっくりなどを模造紙の上に並べる。

② 模造紙のまわりに並び、いろいろな角度から見て、何に見えるか、言葉で自由な表現を楽しむ。

　教材を提示する時は、目をつぶらせて金柑などの香りを感じるなど、五感に働きかけるような遊びの要素を取り入れ、イマジネーションの世界を広げる。

③ 赤い葉、黄色い葉、松ぼっくりなど担当を決め、それぞれに楽器を用意する。

　楽器は、操作のしやすいもので、例えばスタンド付きのトライアングルや和音がきれいに響くテンプルブロックなどを使用する。

④ 長い指揮棒をゆっくり模造紙の上を移動させる。担当の物の上を通過した時、楽器を鳴らし、即興的な合奏を楽しむ。

　指揮棒は、集中しながら見て音を鳴らせるようにゆっくり動かす。

⑤ 演奏が終わった後、自由に曲名などを想像しながら楽しむ。

⑥ 指揮を交代して楽しむ。

＊模造紙の代わりにトレーシングペーパーを使うと、学習後壁面に飾ることもできます。

目をひく物が良い

指揮棒は、軽くて操作しやすいもの（模造紙の芯など）

指揮棒の動きに合わせて楽器を鳴らす

手だてのポイント

　速度、リズム、音色、フレーズなどを手がかりに曲想につながるアドバイスを加えると、その意識が備わっていきます。また、同じ楽器でも、表現の仕方が違うと雰囲気も変わるなど、児童同士の新たな発見につながるように導くようにします。手首が硬い児童には、すぐに楽器を演奏させるのではなく、握手して柔らかいイメージをつくってから響きのある音で演奏させるなど、プロセスを大切にします。

（加藤 裕美子）

技術・家庭科であらわれる学習上の困難 ①　「構成・構想」編

こんな○○で困っている子はいませんか？

（1）目的に合わせて構成されている部分の使用方法や、そこに対応するものをイメージすることが難しい。

　衣服は、平面である布を加工して、複雑な体の形にうまく合うように工夫されています。しかし、衣服の特徴をとらえ、体のどの部分に対応するかを考えることが難しい子どもがいます。例えば襟ぐりが首に対応することや、前身ごろと後ろ身ごろの大きさが異なる理由などをイメージすることに難しさがあります。

頭、右腕、左腕を通すところがわからない…

（2）平面に描かれた立体や空間を具体的にイメージすることが難しい。

　平面に描かれた図から寸法を読み取ること、実際の形をイメージすることや、その逆に、立体を平面に描くことにも難しさが見られます。立体のどの部分を見ていたのか、図に描いた部分はどこだったのかわからなくなることがあります。
　本人も「何か違う……」という思いはありますが、全体を見てどこの部分が間違っているのか判断することが苦手です。

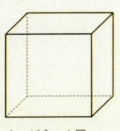

キャビネット図

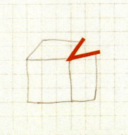

奥行きを示す線を正確にとらえられない

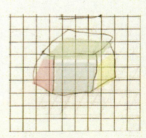

面が4つになる

なんでそうなるの？（背景をさぐる）

こうしたむずかしさの背景として考えられることには、主に次の点が挙げられます

① 類似する形の区別がつきにくく、混同してしまう。
② 自身のボディイメージが確立していないため、体の外郭に沿ってフィッティングすることが難しい。
③ 計測を始める基準（点、線、面）を決めても、動かしたり視点を変えたりすると保持できずに見失ってしまう。
④ 物体を構成する線が、平面に描く際に幅、高さ、奥行きのどの方向を示すかわからなくなってしまう。
⑤ 特に奥行きをとらえることが苦手。
⑥ 部分と部分の情報をつなげて、全体の形をイメージしたりとらえたりすることがうまくできない。
⑦ 提示されたものから、手順に必要な情報だけを拾い上げることがうまくいかずに迷ってしまう。

など

手だての例として

1次元（直線・長さ）、2次元（平面図形・角度）の学習につまずきがある場合が多く、さらに複雑な3次元（立体）では情報を処理できずに混乱してしまいます。情報を整理して必要な場所に着目しやすくすることがポイントです。

① 図や写真で表されている立体物の実物を見たり触れたりして、その特徴を言葉で表現して整理し、イメージをつくる。
② ポイントとなる言葉の意味を体の動きで表現し、運動感覚や触角からイメージをつくる。
③ 全体から必要な情報を拾い上げる作業を減らすため、情報の精選や焦点化を図り、着目する場所を明確にする。
④ 方向や基準を補足する教材・教具を使用する。
⑤ 作業内容を子どもに応じて細分化し、順序化する。

など

（大川原 恒）

単元 01 技術・家庭　構想を表す（中学部1年）
立体定規で幅、高さ、奥行きをとらえる

| 目標 | 立方体をキャビネット図、等角図に表すことができる |

立体を描くのは難しい。
どの部分を見ているのかわからなくなっちゃうし、
自分が描いた部分もわからなくなってしまう。
平面の図形でも大変なのに、立体になると、もう良くわからないよ。

この単元で見られるむずかしさ

- 立体の寸法を計測し、読み取ることがうまくできない。
- 書く線の方向がわからなくなる。
- 作図の途中で書いた場所を見失う。また、どこまで書いていたかわからなくなる。

なんでそうなるの？（背景をさぐる）

- 立体を動かして観察の視点を変えたりすると、計測を始めた基準（点、線、面）を保つことができずに見失ってしまう。
- 部分と部分の情報をつなげて、全体の形をイメージしたりとらえたりすることが苦手。
- 提示されたものから、手順に必要な情報だけを拾い上げることが苦手。

具体物をそのまま提示しても、向きを変えているうちにわからなくなる。

手だての例として

- 全体から必要な情報を拾い上げる作業を減らすため、情報の精選や焦点化を図り、着目する場所を明確にする。

- 方向や基準を補足する教材・教具を使用する。
- 作業内容を子どもに応じて細分化し、順序化する。

手だての実践例　●工作用紙で制作した定規（立体定規）

① 工作用紙で立体定規を作成する。

　平面から立体を作成することで、立体を構成する3つの方向について学習し、今後の展開への動機付けをする。

② 積み木ブロックで作図する模型を作る。

③ 立体定規の目盛りから幅、高さ、奥行きの長さを読み取る。

　幅、高さ、奥行きを示す線を異なる3色の色で太く記す。
　幅、高さ、奥行きの3方向がとらえにくい生徒は、学習の前段階に両手を使って表現しながら感覚で身につける。

④ 複雑な形の場合は、色つきのブロックを使用し、それらを構成する基本的な形に分けて提示する。

⑤ 色つきのブロックを移動しながら、部分→全体を描く。

⑥ 模型をのせた立体定規を動かすことで、模型を崩さずに向き（視点）を変えることができる。また背景にある立体定規の情報を確認することで、基準面（正面）や方向などを保つことができる。

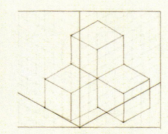

（完成図）

手だてのポイント

　立体定規の向きや自分の視点を変えながら、積木ブロックの正面、側面、上面を観察します。方向の基準となる空間があるので、変化する様子がわかりやすくなります。加えて幅、高さ、奥行きの3方向の見分け方を覚えていきます。

（大川原　恒）

単元 02 技術・家庭　衣服の構成と製作（高等部3年）

| 目標 | 衣服の構成を理解しながら製作する。 |

ミシンはうまくかけることができるよ。
でも、衣服のどの部分を縫っているか、途中でわからなくなってしまうことがあるんだ。

この単元で見られるむずかしさ

・半袖や長袖、ベストなどの型紙の違いをうまく見分けられない。
・似たような形や部分が多いと、どの部分を縫っているかわからなくなり迷ってしまう。
・型紙で示した部分が、着用した時に体のどの部分にあたるのかうまくイメージできない。

なんでそうなるの？（背景をさぐる）

● 類似する形の区別がつきにくく、混同してしまう。
● 自身のボディイメージが確立していないため、体の外郭に沿ってフィッティングすることが難しい。
● 部分と部分の情報をつなげて、全体の形をイメージしたりとらえたりすることが難しい。

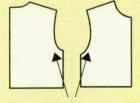
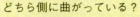
どちら側に曲がっている？

見える範囲を移していく。はじめに見た部分を記憶しながら、頭の中で形をつなげていく

手だての例として

● 図や写真で表されている立体物の実物を見たり触れたりして、その特徴を言葉で表現して整理し、イメージをつくる。

- ポイントとなる言葉の意味を体の動きで表現し、運動感覚や触角からイメージをつくる。
- 全体から必要な情報を拾い上げる作業を減らすため、情報の精選や焦点化を図り、着目する場所を明確にする。

手だての実践例

① 形の特徴を言語化しながら、なぞる（触れる）。

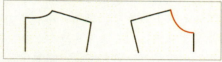

型紙の特徴を言語化する

② つながりやイメージを保てる範囲の情報を盛り込んだ題材（教材）を選び、必要な部分だけを提示する。

　ア　一目で形がわかるサイズに型紙を縮小して、実際に操作しながら、つながりを理解する。
　イ　色画用紙を使用する布に見立てて、型紙の置き方を考える。

たくさん「えぐれている」のが前首にくるから…。

見やすく縮小した型紙

（左）前身ごろ・後身ごろ・袖のつながりを示したもの。
（右）縮小した人体をあわせて用いると、つながりを理解しやすくなる。

＊小さな紙なので動かしやすく、構成について考えることに集中できる。

手だてのポイント

　教師が使った言葉と本人のイメージが異なることがあるので、本人の言葉で表現させることが大切です。また、縮小した物を使っている理由を説明し、実物も手順は同じであることを話す必要があります。

（大石 京子）

技術・家庭科であらわれる学習上の困難 ②　「道具を使う」編

こんな○○で困っている子はいませんか？

（1）道具を正しく持ち、正しい使い方で作業することが難しい

　上肢に障害があると、道具を正しく持つ、握るという動作がスムーズにできません。生活の中で刃物を使う経験が少ないために、「切る」作業では材料の硬さに関係なく、上から押しつけて切ろうとします。また、車いすの姿勢で調理をすると、まな板の位置が高くなり、包丁の刃先をまな板につくように動かせず、きゅうりなどはしっかり切れずにつながってしまいます。いろいろな動作に合わせて、道具を持つ手首の微妙な動きを調整することが苦手です。

（2）道具の危険性を認識することが難しい

　道具や機械を使う経験が少ないため、機械の細かい動きを理解し、機能を把握しながら手を動かすことが苦手です。また、体験の積み重ねが少ないため、道具の持つ「熱い」「切れる」というような危険性を認識することも苦手です。

なんでそうなるの？（背景をさぐる）

こうしたむずかしさの背景として考えられることには、主に次の点が挙げられます

① 手指が力んだ状態で道具の柄を握ってしまう。
② 両手を使う作業が苦手なため、片方の手で道具や材料を保持しながらもう片方の手で作業をすることが苦手。道具本来の使い方ができない。
③ 握力が弱い。
④ 作業内容に見合った力加減がうまくできない。
⑤ 物の位置関係を把握しにくいため、開始位置、基準、方向をとらえることが苦手。
⑥ 機械のスピードに合わせて上手に手を動かすことができない。
⑦ 手首をひねったり返したりする動作が硬い。
⑧ 道具の特徴や仕組みを理解して、正しく扱うことができない。
⑨ 道具の適切な用途や危険性が認識できない。

など

手だての例として

道具を使う時、手首や手指の細かい動きはとても重要です。子どもが手の感覚として身につけられるように、一人一人に合った道具の使い方を工夫しながら手だてや配慮を設定していきます。

① 道具を持ったり、握ったりする時に大人がサポートする。
② 電動の機械に変えたり、補助する道具を利用したりしてより扱いやすくする。
③ 作業のスピードを落とし、ゆっくり繰り返し行う。
④ 作業工程を細分化し、よりわかりやすく提示したり、ポイントとなるところに目印をつけたりして明確にする。
⑤ 危険な箇所、部位を言葉にして繰り返し伝える。

など

（大野 喜代美）

単元 03 調理実習（小・中・高等部）
技術・家庭

| 目　標 | 調理器具の正しい使い方を理解して操作ができる。 |

包丁の使い方が良くわからないよ。

この単元で見られるむずかしさ

・包丁を正しく握れない。
・フライ返しの操作がうまくいかない。
・包丁を正しく持って「切る」動作がスムーズにいかない。

なんでそうなるの？（背景をさぐる）

- 道具の柄を握ることが苦手。
- 手首をひねったり返したりする動作が硬い。
- 道具の特徴や仕組みを理解して、正しく扱うことができない。
- 包丁を使った経験が少ない。
  ・包丁のどの部分で切ったら良いのかわからない。
  ・包丁の動かし方がわからない。
  ・食材の硬さに関係なく押し切りにする。

包丁を正しく握れない

手だての例として

- 道具を持ったり、握ったりする時に大人がサポートする。
- 電動の機械に変えたり、補助する道具を利用したりしてより扱いやすくする。
- 作業工程を細分化し、よりわかりやすく提示したり、ポイントとなるところに目印をつけたりして明確にする。

手だての実践例

① 子どもの後ろから大人の手を添えて、一緒に道具を握る。

　ア　包丁を動かす方向や力の強弱の入れ方を言語化して指示する。
　イ　"包丁で切る"という動作を感覚として実感できるように言語化する。

一緒に包丁を持つことで、不安定な持ち方では切れない硬い食材も切れるようになる。

② 子どもにとってより使いやすい道具で作業を行う。

電磁調理器　ガス器具のように直接炎が見えないため、安心して調理に取り組める。

フライ返し　柄にゴム管（ビニール製など）を差し込み太くしたため、持ちやすくなった。

③ 道具の力が働いているところを視覚化して、わかりやすくする。

　ア　包丁のどの部分で切るのか目印をつける。

目印の洗濯バサミの下に食材がくるよう、目安にすることができる。

手だてのポイント

「道具を使う」というのは手の感覚を積み重ねていくことです。少ない経験の中でしっかりと手が覚えられるように、作業内容や手順を言語化・視覚化して丁寧に提示することが大切です。

（大野　喜代美）

単元 04 技術・家庭　ミシンを使う（小・中・高等部）

目標　ミシンを使った基礎的な縫製をすることができる。

ミシンを一人で使うのは難しいよ。
ミシンのスピードに合わせて、手を動かさなきゃいけないし、
布をおさえすぎるとうまく縫えない。
どこを縫うのか、縫い目が曲がった時には
どうしたら良いかもわからなくなるんだ。

この単元で見られるむずかしさ

- 縫い始めの位置を確認しながらミシンに布を正しく設置する、はずみ車を回して針を刺す、おさえを下ろす等の縫い始めまでの動作を一人で行いづらい。
- 縫うべきではないところを縫ってしまう、どこを縫っているかがわからなくなってしまう。
- 縫い目の方向を修正・微調整することがうまくいかない。

なんでそうなるの？（背景をさぐる）

- 作業内容に見合った力加減が苦手。
- 物の位置関係を把握しにくいため、開始位置、基準、方向をとらえることが苦手。
- ミシンのスピードに合わせて手を動かすことがうまくできない。

手だての例として

- 道具を持ったり、握ったりする時に大人がサポートする。
- 補助する道具を利用したりしてより扱いやすくする。
- 作業のスピードを落とし、ゆっくり繰り返し行う。
- 作業工程を細分化し、よりわかりやすく提示したり、ポイントとなるところに目印をつけたりして明確にする。

手だての実践例

① **はずみ車に輪ゴムを巻く。**

通常、はずみ車を回すには、指でしっかりつかんで手前にひねって回すが、ある程度の力が必要で、手首をひねる動きが苦手な子どもも多い。まずは大人と一緒に手の動きを確認するが、一人では動かすのが難しいこともある。

そこで、はずみ車に滑り止めとして輪ゴムを巻くことで、輪ゴムに手をかけ、手前に滑らす動きではずみ車を回すことができ、力の弱い子どもでも操作ができるようになる。その際は、「手前に」や「自分に向かって」など、児童生徒への声かけを行う。

はずみ車に滑り止めをつける

② **厚紙やセロテープで作ったガイド。**

「布端から○cmの部分を直線縫いする」際は、通常布に印付けをして縫っていくが、途中で印を見失ってしまう子どももいる。その様な時は、ミシンに厚紙で作ったガイドを用意する。4cm×3cm程度の大きさの厚紙を半分に折って色をつけたものを、針から○cmの位置にテープで貼り付け、これに沿わせて縫う。こうすることで、布の設置位置や縫いの目安になり、布への印付けが少なくても真っすぐに縫うことができる。

ミシンに目印をつけて、縫う際の目安とする

だんだんと慣れてきたら、厚紙のガイドは外し、セロハンテープにペンで印をつけたガイドにする。また、縫い目の方向を修正する時には、布を右に動かすか左に動かすかのいずれかであることを意識させ、布の動かし方を矢印で示すのも良い。

手だてのポイント

一人一人の難しさや段階に応じて補助となるガイドや声かけをします。繰り返し作業をすることで慣れてきたら、ガイドを減らしたりなくしたりしましょう。

（青山 妙子）

保健体育科であらわれる学習上の困難 ①　「ゲーム・ボール運動・球技」編

こんな○○で困っている子はいませんか？

（1）味方や相手の位置や動きに合わせて動くことが苦手

　サッカーやバスケットボール、バレーボールなどの球技においては、一つの局面を切り取って考えてみるとボールを保持しているプレーヤーは一人であり、その他のプレーヤーはボールを持たないプレーヤーとなります。そのため、個々の「ボールを持たない時の動き」がゲームパフォーマンスの重要な要素となります。しかし、「ボールを持たない時の動き」は、コーンなどの動かない具体物を基準にするのではなく、一定の空間（コート）の中でボール保持者、あるいは相手との位置関係（距離・角度）に応じて動くことになるため、多くの児童生徒にとって、すぐに判断して適切なポジションに動くことは難しい様子が見られます。

どう動けば良いのかわからずにコートの中で止まってしまう

お互いに攻めたい方向にボールを蹴り合うだけになってしまう

（2）ボールを意図した方向に操作しにくい

　児童生徒のドリブルを見ていると、真っすぐに進んで壁にぶつかってはじめて方向転換をする、あるいは方向を変えようとしている様子は見られるものの、方向を変えるためにボールをどうやって押したら良いのか戸惑っている様子が見られます。止まっているボールを押すことは容易にできますが、動いているボールを自分の転がしたい方向に操作することは難しいようです。

動いているボールを操作するのが難しい

なんでそうなるの？（背景をさぐる）

① すぐに動き出すことが苦手なため、動いているうちに状況が変わってしまうと適切なポジショニングがとりづらい。
② コートの中で動くイメージや、味方や相手の位置に合わせて動くというイメージが持ちにくい。
③ コートを見間違えたり、味方や相手との位置関係をとらえにくかったりする。
④ 広いコートで行う大人数のゲームでは、味方や相手との位置関係やボールの位置などを一度にとらえることがうまくできない。
⑤ 身体各部位に動かしにくさがある。
⑥ 車いすのどこに当たるとボールがどう転がるのかというイメージが持ちにくい。

など

手だての例として

　ゲーム・ボール運動・球技は、広いコート、多人数で行われることが多く、一つ一つの技能に着目させることが難しいと言えます。また、「運動経験の不足や誤学習」「複数のことを同時に行うことが難しい」などといった子どもたちの実態を踏まえ、指導したい運動技能に焦点化するために、なるべくシンプルな条件で指導できるように手だて・配慮を講じていきます。

① ゆっくりとした動きの中で、動き方のポイントを確認していく。
② 具体物（コーン、マーカー、ラインなど）を動きの目印として用いながら、ポジショニングや動き方を理解させ、空間での動き方につなげていく。
③ 一緒に運動しながら動きを体感させる。
④ 動き方をいくつかのパターンとして習得させる。
⑤ 少人数から多人数、狭いコートから広いコート、止まった状態から動きながらといったように、情報量を少しずつ増やしていく。
⑥ 他の児童生徒の運動している様子を見ながら、ST（サブティーチャー）と一緒に運動を言葉に置き換えて理解させる。
⑦ 練習している技能が、ゲーム中のどのような場面で発揮されるものなのかをイメージしやすいようにする。
⑧ ゲームの中の一部分を抜き出して繰り返し指導する。
⑨ ドリブルの練習では転がったボールに追いつけるように、また、パスの練習では転がりやすいようにと、指導内容に応じてボールの空気圧を調節する。

など

（花岡 勇太）

単元 01 保健体育　ラインサッカー（小学部3・4年生）

目標　ボール保持者からパスを受けられる位置に移動することができる。

先生は「動け！」「上がれ！」「戻れ！」って言うけど、どういうふうに動けば良いの？一生懸命動いてるんだけどな。

この単元で見られるむずかしさ

・味方や相手の位置や動きに合わせて動くことが難しい。
・コートの中でどのように動けば良いのかわからなくなる。

なんでそうなるの？（背景をさぐる）

- すぐに動き出すことが苦手なため、動いているうちに状況が変わってしまうと、適切なポジショニングをとること、また、適切なポジションというものを理解することが難しい。
- コートの中で動くイメージや、味方や相手の位置に合わせて動くというイメージが持ちにくい。
- コートを見間違えたり、味方や相手との位置関係をとらえにくかったりする。
- 広いコートで行う大人数のゲームでは、味方や相手との位置関係やボールの位置などを一度にとらえることがうまくできない。

手だての例として

- 具体物（コーン、マーカー、ラインなど）を動きの目印として用いながら、ポジショニングや動き方を理解させ、空間での動き方につなげていく。
- 動き方をいくつかのパターンとして習得させる。
- 少ない人数から多い人数、狭いコートから広いコート、止まった状態から動きながらといったように、情報量を少しずつ増やしていく。

手だての実践例　●「ボールを持たない時の動き」のポイントを焦点化した段階的な指導

① パスが通る位置関係を理解させる（動きなし）

三角形にパイロンを配置し、動きを伴わない3対1を行う（パスは呼名と指差しで行い、名前を呼ばれた攻撃側プレーヤーは手をあげる）。手をあげている攻撃側プレーヤー（ボール保持者）は守備側プレーヤーにタッチされる前に、他の攻撃側プレーヤー（パスの受け手）にパスを出す。ただし、パスの出し手と受け手の間に守備側プレーヤーがいる場合はパスを通すことができない。児童の実態によっては、守備側プレーヤーを教師が行うことで、パスを受けられるためのポジショニングがより理解しやすくなる。

② パスが通る位置関係を理解させる（動きあり）

①の次の段階として、パイロンは三角形のままで、攻撃側の人数を一人減らして2対1を行う。攻撃側プレーヤーが一人少なくなったことにより、ボール保持者ではない攻撃側プレーヤー（パスの受け手）が、①で意識させたパスを受けられるポジションへ移動しなければならない。パイロンを動きの目印にして、パスを受けられる位置に移動することを意識させる。①と同様、児童の実態によっては、守備側プレーヤーを教師が行うことで、パスを受けられるためのポジションへ移動することがより理解しやすくなる。

③ パスの受け手とボール保持者との角度を意識づける指導

②の内容を発展させ、四角形にパイロンを配置し、3対1を行う。パスを受ける時の角度を意識させるために、パスの出し手と同じ色のパイロンにいるとパスが出せない（受けられない）というルールを設ける。このルールで、パスを受ける時に守備側プレーヤーから離れていた方がパスを受けやすいことを学習させる。まずは「パスの出し手と同じ色のパイロンにいるとパスが出せない（受けられない）」というルールをしっかりと理解させ、その上で、なぜそのルールを設けたのかという中で「角度」について説明するとより理解が深まる。

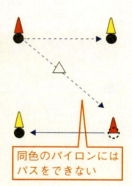
同色のパイロンにはパスをできない

手だてのポイント

動き方を指導する以前に、そもそも子どもたちが「スペース」というものを理解していない場合があります。「動き方」について指導する前に、スペースとはどのようなものかを理解させた上で「動き方」の指導につなげていくと、理解がより深まります。また、肢体不自由のある子どもにとって、動きながらボールを操作することは非常に難しい課題となるので、「動き方」を指導する時には、ボールを使用しないで指導すると有効です。

（花岡 勇太）

単元 02 風船バレー（中学部1年生）
保健体育

目標
コートの空いている場所を、味方と協力して守りながらゲームを行うことができる。

サーブで止まっている風船は打てるけれど、コートの空いているところに落ちてくる風船はなかなかうまく打てないんだ。

この単元で見られるむずかしさ

・コートの空いている場所に落ちてくる風船を、無理な体勢で打とうとする。もしくはどう動いて良いか迷うため、風船を見たまま動かないことがある。

・風船を追いかけて動きすぎるため、自分の守る場所がわからなくなったり、味方と協力してバランス良く守れない。

なんでそうなるの？（背景をさぐる）

● コートを見間違えたり、コートの中での味方や相手との位置関係をとらえにくかったりする。

● 広いコートで行う大人数のゲームの中では、味方や相手との位置関係やボールの位置などを一度にとらえることがうまくできない。

手だての例として

● 具体物（コーン、マーカー、ラインなど）を動きの目印として用いながら、ポジショニングや動き方を理解させ、空間での動き方につなげていく。

● 少人数から多人数、狭いコートから広いコート、止まった状態から動きながらといったように、情報量を少しずつ増やしていく。

手だての実践例

① **止まった状態で自分の打ちやすいポイントを確認する。**
   ア　風船をレシーブできること、アタックできることが、ゲームへの意欲的な参加につながるので、丁寧に確認する。
   イ　落ちてくる風船に対して距離をどの程度とれば打ちやすいか、また、レシーブやアタックの時、手の甲と手のひらのどちらが打ちやすいかを確認する。

風船を打ちやすい位置を確かめる

② **風船の動きに合わせて移動する練習を取り入れる。**
   ア　空いている場所に落ちてくる風船を自分の打ちやすいポイントでとらえるには、風船の動きに合わせて、風船に近づけることが大切となる。
   イ　教師が持つ風船の動きに合わせて動く。右（左）に風船を動かしたら、生徒は右（左）のコーンに触れて元に戻る。下に風船を動かしたらレシーブ動作、上はアタック動作をする。

風船の動きに合わせて移動する

③ **コートの空いている場所に目印を置く。**
   ア　目印には色つきのPPシートを置く。シートにはすべり止めをつけておき、車いすで乗ってもずれないようにする。
   イ　ポジションや守る範囲を、シートを頼りに試合前にチーム内で確認する。
   ウ　試合中、動きが出てきて味方と入り乱れても、シートを頼りにポジションや守る範囲を再確認して修正できる。

大きさ 40×57cm　厚さ 0.75mm

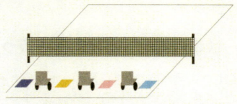

移動の目安となるようにシートを置く

手だてのポイント

　バランス良くポジションをとって空いている場所を少なくし、来た風船に対して素早く近づき自分の打ちやすいポイントでとらえられることで、ラリーが続くようになりゲームが盛り上がります。

（佐々木 高一）

保健体育科であらわれる学習上の困難 ②　「陸上運動系、陸上競技」編

こんな○○で困っている子はいませんか？

（1）「基準」を意識して動くことが難しい

　徒競走・リレーなどで、複数あるコースの中で自分のコース内を走り続けることが難しく、いつの間にか違うコースを走っている子どもがいます。また、曲線コースの左側（内側）を走行し続けることが難しく、何度声かけしてもコースの中央に戻ってしまうことがあります。

（2）指示された複数の動作をスムーズに行うことがうまくいかない

　リレーにおいて、前の走者に併走することと、バトンをタイミング良く渡すという二つの動作をスムーズに行うことが苦手で、どちらかの動作に意識を集中すると、もう一つの動作を行うことが難しくなる子どもがいます。

（3）安定した投動作を行うことが難しい

　ソフトボール投げ、ビーンバッグ投げなどの投動作の時に、投法、投げる向き、投げる角度が毎回異なり安定した投動作を行うことが難しい子どもがいます。
　たとえ良い投動作が行えた時でも、どうして良い投動作が行えたのかがわからないため、再現性がなく、次に同じ良い投動作を行うことができません。

なんでそうなるの？（背景をさぐる）

こうしたむずかしさの背景として考えられることには、主に次の点が挙げられます

① 車椅子をこぐことに多くの労力（意識）を要する分、他の動きに集中しづらい。
② 投動作がスムーズに行えない。
③ 併走する、走りながら何かをする、いろいろな投法を試すなど多様な動きを経験してきていないため、今まで経験した動きの中からしか動作を選択できない。
④ 言葉で動作を説明してもイメージできない。
⑤ 多くの情報（線、人、色）の中から必要な情報が取り出しにくい。
⑥ 対象者（リレーの前・次走者）、対象物（マーク）との距離感をつかむことが難しい。
⑦ コース内を走りながら前・次走者と併走し、バトンを渡す・渡されるといったいくつかの動作を同時に行うことが難しい。
⑧ いくつかのアドバイスを聞いてから投動作を行おうとすると、アドバイスが混乱してしまう。

など

手だての例として

① 運動の前に、体の余分な緊張を取り除いたりストレッチを行う。
② 動きを教師と一緒に体感させながら、言葉に置き換える。
③ 目印となるもの（コーン、マーカー、紅白玉、ライン、体の一部）を指標とし、それを基準にして具体的な指示を出す。目印には、識別しやすい物（識別しやすい色、動く物、立体的な物等）を用いる。
④ 正しい距離感を教師と一緒に体感させ、視覚的にとらえさせる。近い距離であれば、距離を具体的なわかりやすい物に置き換えてイメージしやすいようにする。
⑤ 連続動作をいくつかの場面に分け、一つずつ動きを確かめながらスモールステップで行う。いくつかの動作を同時に行うことが難しい場合は、できるだけ少ない動作（情報）で行えるような道具の工夫をする。

など

（池田 仁）

単元 03 保健体育　リレー（中学部1年）

目標　走行しながらリレーのバトンパスがスムーズに行えるようになる。

走り出すタイミング、併走すること、タイミング良くバトンを渡すこと。それぞれが難しいし、同時に行おうとすると混乱して良くわからなくなってしまうんだ。

この単元で見られるむずかしさ

- 前走者がマークを通過するタイミングをとらえにくい。
- 併走すること、スムーズにバトンパスすることがうまくいかない。
- 留意点を意識しながら、複数の動作を同時に行うことが難しい。

なんでそうなるの？（背景をさぐる）

- 車椅子をこぐことに多くの労力（意識）を要する分、他の動きに集中しづらい。
- 併走する、走りながら何かをするなどの動きを経験してきていないため、今まで経験した動きの中からしか動作を選択できない。
- 言葉で動作を説明してもイメージできない。
- 多くの情報（線、人、色）の中から必要な情報が取り出しにくい。
- 対象者（リレーの前・次走者）、対象物（マーク）との距離感をつかむことが難しい。
- コース内を走りながら前・次走者と併走し、バトンを渡す・渡されるというういくつかの情報を同時に処理することが難しい。

手だての例として

- 動きを教師と一緒に体感させながら、言葉に置き換える。
- 目印となるもの（コーン、マーカー、紅白玉、ライン、体の一部）を指標とし、それを基準にして具体的な指示を出す。目印には、識別しやすい物（識別しやすい色、動く物、立体的な物等）を用いる。

- 正しい距離感を教師と一緒に体感させ、視覚的にとらえさせる。近い距離であれば、距離を具体的なわかりやすい物に置き換えてイメージできるようにする。
- 連続動作をいくつかの場面に分け、一つずつ動きを確かめながらスモールステップで行う。いくつかの動作を同時に行うことが難しい場合は、できるだけ少ない動作（情報）で行えるような道具の工夫をする。

手だての実践例　●バトンパスをいくつかの要素（動作）に分けた段階的な指導

① マーク通過を確認しタイミング良くスタートする練習
- ア 平面のマーク、線、印では遠くから見ると見えにくいという生徒には、立体的ですぐに動かせる紅白玉を使う。紅白玉でも見えにくい生徒にはミニコーンの使用も有効。
- イ 紅白玉は、バトンを渡す人が走ってくる側（インコース、アウトコース）に置き、マーク通過を確認しやすくする。生徒には「前走者の車椅子のタイヤが紅白玉の横を通ったらスタートして」というように、具体的な指示を出す。
- ウ このような手だてでもスタートするタイミングがつかめない生徒には、マークを通過する時に教師が「スタート」と声かけをする。教師が声かけをすることにより、自分で思っていたタイミングと実際のタイミングのずれに気づくことができる。

色つきや、立体的なマークがわかりやすい

② 併走しながらバトンパスする練習
- ア 止まっている位置でバトンパスしやすい渡し方、距離を確認する。（距離は「バトン二つ分の距離」などわかりやすい言葉に置き換える。）
- イ 「1，2，3」のタイミングで確実にバトンパスを行えるようにする。
- ウ 二人で渡しやすい距離を保ちながら併走できるようにする。
- エ 二人で渡しやすい距離を保ちながら併走し、バトンパスを行えるようにする。
- オ スピードに乗った状態で、「1，2，3」のタイミングで確実にバトンパスを行う。

※バトンパスの時、バトンの受け渡しに意識が集中してしまって一連の動作がスムーズに行えない場合、ひも付きバトンやボックスを利用する。

バトンの受け渡しをしやすくする工夫

手だてのポイント

　リレーを、「マークを意識してスタートする」「併走する」「バトンパスする」という要素（動き）に分け、それぞれの動きを確実に行えるようにしていきます。マークを見てスタートするタイミング、併走の距離感覚、「1，2，3」のバトンパスのタイミングがどうしてもわからない生徒には、教師が動作の手助けをして体感させながら声かけをし、理解させることも有効です。

（池田 仁）

単元 04 保健体育
ソフトボール投げ、ビーンバック投げ
（高等部1年）

| 目　標 | 安定した投動作が行えるようになる。 |

自分では同じように投げているつもりなんだけど、毎回投げ方が違ってしまうのはなぜかな？
投法を修正して良い投げ方に変えていくことができないんだ。

この単元で見られるむずかしさ

・安定して同じ投法を行うことが難しい。
・アドバイスを聞き、投法を修正することがうまくいかない。

なんでそうなるの？（背景をさぐる）

- 投動作がスムーズに行えない。
- 言葉で動作を説明してもイメージできない。
- 多くの情報（線、人、色）の中から必要な情報が取り出しにくい。
- いくつかのアドバイスを聞いてから投動作を行おうとすると、アドバイスが混乱してしまう。

手だての例として

- 運動の前に、体の余分な緊張を取り除いたりストレッチを行う。
- 動きを教師と一緒に体感させながら、言葉に置き換える。
- 目印となるもの（コーン、マーカー、紅白玉、ライン、体の一部）を指標とし、それを基準にして具体的な指示を出す。目印には、識別しやすい物（識別しやすい色、動く物、立体的な物等）を用いる。

手だての実践例　●投動作をいくつかのステップに分けて指導する

① 自分に合った投法を確立する。

　　いろいろな投法を試し、無理なく安定して遠くまで投げられる投法を確立する。上投げ、下投げ、横投げ、後ろ投げなどいろいろな投法を試してみる。
　　確立した投法が再現できるように、車椅子の方向、投げ出す時のフォーム、投げ出す角度等を言葉にしながら確認していく。このとき「手は目の高さまであげて」というように具体的な指標を言葉で示し、確認する。

　手は目の高さまであげてからまっすぐ振り下ろして

② 自分に合った投法を再現できるように練習する。

　　確立した投法を車椅子の方向、投げ出す時のフォーム、投げ出す角度等一つ一つを言葉にしながら再現してみる。この時、再現動作が間違っていたり、良くわからなくなってしまった場合、教師が一つずつ言葉に出しながら、一緒に動作を行い体感させる中で確認する。また、言葉でわかりにくい動作（投げ出す角度など）は、「この赤い棒を越えるように（赤い棒に当たるように）投げよう」といった具体的な指標を示し、そこに投げることで投げる角度を体感させる。

　赤い線を越えるように投げよう！

③ 投法を修正する。

　　②で確立した投法を基に、投法の修正を行う。この際、②で行った投法の確認項目に沿って修正を加えるとわかりやすい。

手だてのポイント

　投動作を「車椅子の方向」「投げ出す時のフォーム」「投げ出す角度」等いくつかの項目に分け、一つ一つ確認しながら行います。確認事項をすぐに忘れてしまう場合はメモを取っておくと良いでしょう。実際に投動作を行う時、メモを見て言葉に出して確認してから動作を行うと、混乱せずに落ち着いて投動作が行えるようになります。

（池田 仁）

保健体育科であらわれる学習上の困難 ③　「水泳」編

こんな○○で困っている子はいませんか？

（1）水に対する抵抗感が強い

　水という環境の変化に慣れず、顔を水につけることが苦手なケースが見られます。呼吸が自由にできない抵抗感、目を開けることに対する恐怖感などいろいろな理由があります。また、水の最大の特徴である浮力のために体が不安定に揺れ動くことで、補助者と一緒でないとプールに入れない子どももいます。陸上との感覚の違いから生じる様々な抵抗感から、水中で一人で自由に運動することに難しさが見られます。

（2）水中で息を止めることや息継ぎが苦手

　不随意運動などのために上手に口を閉じることができずに水を飲む、また、口を閉じることができても体の緊張のために水中で息を吐くことが難しかったり、息を吐くタイミングがずれてしまうことがあります。その逆に、心身の緊張から全身に力を入れて息を止めてしまうために、水中で息を吐くことが苦手なケースが見られます。そのほかにも、呼吸機能に障害がなくても、日常から深い呼吸、特に吸った空気を長く吐くことが上手にできないと、泳ぎの中で連続した息継ぎが難しくなります。

（3）浮き身の姿勢を安定させることが難しい

　け伸びや背浮きなどの浮き身の姿勢になると、上手に浮くことが苦手なケースが見られます。全身が沈んでしまうケースや、上半身が沈む、下半身が沈む、体の左右どちらか片側が沈むなど体の一部分が沈んでしまい、バランスが崩れてしまう様子が見られます。バランスが崩れると、姿勢を安定させて浮くことが上手にできなくなります。

下肢の筋緊張が強い場合下半身が沈みやすい

バランスが崩れたけ伸び

（4）泳法で前に進みにくい

　手足や全身を一生懸命に動かすのに、なかなか目標の場所まで泳げない子どもがいます。力を入れて動けば動くほど前に進みにくくなります。また、同じ場所で回転したり、コースロープにぶつかったりしてコースの中を真っすぐに泳げず、目的の方向に向かって泳ぐことが難しい様子が見られます。

なんでそうなるの？（背景をさぐる）

こうしたむずかしさの背景として考えられることには、主に次の点が挙げられます

① 水遊びの経験が少ないために、水中での体の動かし方のイメージを持ちにくい。
② 腹式呼吸が苦手で、水中で強く息を吐くことが難しい。
③ 浮力のために姿勢を保つことが難しい。
④ 緊張の強い部位は沈みやすく、弛緩している部位は浮きやすいために、身体各部位の浮力のバランスの調整が難しい。
⑤ 筋の過緊張や不随意運動のために、浮き身の姿勢が安定しにくい。
⑥ 身体各部位の動かしにくさにより、泳ぎの推進力を得にくい。
⑦ 障害の状態に応じた泳ぎ方がわからない。

など

手だての例として

水泳は、普段の生活環境と異なる環境で行う種目であり、技能の習得には正しい運動経験の積み重ねが重要です。一方で、水慣れ、呼吸法、浮き身、泳法の段階に分けて、適切な手だてや配慮をすると最も親しみやすい運動となります。

① 水慣れのための時間配分を多くするとともに、指導初期からゴーグルの使用や水遊びの遊具を利用したり、遊びのプログラムを多く準備する。
② 日常の呼吸の改善及び腹式呼吸の習得を図る。
③ 「立位」→「浮き身（伏浮き、背浮き）」→「立位」の反復練習を行い、水中の姿勢変化の能力を高める。
④ 介助者が水の抵抗を利用して他動的に体のリラクゼーションを図る。
⑤ 浮き具を使用して浮き身の姿勢を安定させる。
⑥ 自分に適した推進力を得やすい動き方を、身体部位ごとに習得する練習を行う。
⑦ 泳法指導は背泳ぎから始め、次に伏浮きの泳ぎの順で行う。

など

両上肢を同時に動かす背泳ぎ

上肢左右を交互に動かす背泳ぎ

（松浦 孝明）

単元 05 保健体育　水泳（小学部3年）

目標
いろいろな浮き方やけ伸びができる。
呼吸をしながら初歩的な泳ぎができる。

浮こうとすると体に力が入ってしまって、上手に浮けない。
伏浮きや背浮きの時には、腰が曲がって足やおしりが沈んでしまうんだ。
体の左右のバランスを保つことも難しくて、
け伸びをすると左か右のどちらかに曲がってしまうよ。
足の動きを泳ぎにつなげるのがむずかしいんだ。

この単元で見られるむずかしさ

・体の力を抜き、脱力してリラックスすることが難しい。
・体を真っすぐに伸ばすことが難しい。
・水中で体の一部が沈んでしまい、体が水平にならない。
・手や足で水をキャッチすることが難しい。

なんでそうなるの？（背景をさぐる）

● 腹式呼吸が苦手で、水中で強く息を吐くことが難しい。
● 緊張の強い部位は沈みやすく、弛緩している部位は浮きやすいために、身体各部位の浮力のバランスの調整が難しい。
● 筋の過緊張や不随意運動のために、浮き身の姿勢が安定しにくい。
● 身体各部位の動かしにくさにより、泳ぎの推進力を得にくい。

手だての例として

● 日常の呼吸の改善及び腹式呼吸の習得を図る。
● 介助者が水の抵抗を利用して他動的に体のリラクゼーションを図る。
● 浮き具を使用して浮き身の姿勢を安定させる。
● 自分に適した推進力を得やすい動き方を、身体部位ごとに習得する練習を行う。

手だての実践例　●体のリラクゼーションと姿勢を安定させる補助具の使用

① 顔を水の上に出したまま、息をできるだけ長く吐き続ける練習を行う。

② 息を吐き続けながら、顔を徐々に水につける練習を行う。反復して練習しながらボビングの練習に発展させる。

③ 補助者が児童の体を保持して体を左右に大きく動かしながら、水の抵抗を利用して他動的に体のリラクゼーションを図る。

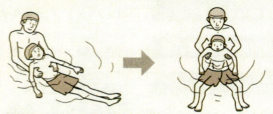

補助者は後方に歩き子どもの体を大きくゆっくりと左右に動かす

④ 浮き身の姿勢をとらせて、補助者が体幹や頸部を支える。補助者は後方に歩き児童を引きながら、水の流れを利用して体（腰部）を伸ばす感覚と「け伸び」や「背浮き」の感覚の向上を図る。

腰を支持したけ伸び　　頸部を支持した背浮き

⑤ 浮き身の姿勢を安定させるためのいろいろなヘルパーを使用する。

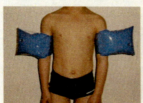  

アームヘルパー　　ジェットヘルパー　　旅行用枕を利用したネックヘルパー

⑥ 上肢のスカーリング、フィンニングの動きを補助者がガイドしながら練習して水をキャッチする技能の習得を図る（上肢の動きだけで泳ぐ練習）。

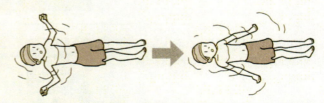

両腕を大きく開閉した動き（フィンニング）の背泳ぎ

手だてのポイント

　水泳の技能の習得には、水中での正しい運動経験の積み重ねが重要です。水慣れ、呼吸法、浮き身、泳法の段階に分けて、水中での運動のイメージを高めながら水泳の技能を習得できるよう、段階的に適切な手だてをすることが大切になります。

（松浦 孝明）

教材・教具名	カメラリモコン

1 対象となる子ども	コンパクトデジタルカメラの操作、保持が難しい子ども
2 教材を使用する活動	自立活動、特別活動
3 ねらい	外部入力装置を使って、市販のコンパクトデジタルカメラで写真を撮影することができる

教材活用の実際

教材の使い方		配慮点
①カメラ量販店で販売している雲台（クランプ式、クリップ式）でテーブルに固定する。必要に応じて延長アームで長さを調節する。	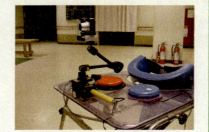	子どもの見やすい位置にカメラの位置を設定する。
②ズーム操作用、シャッター操作用のスイッチをカメラリモコンに接続する。子どもが操作しやすいスイッチを選ぶ。	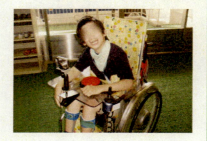	スイッチのケーブルが腕に絡まないよう、テーブルの下から通すなど配慮する。
③ズームの切り替え、シャッターを切る動作をスイッチ操作で行うことができる。		発声が難しい子どもは、「ハイ、チーズ」などのかけ声を入力したVOCA（会話補助装置）をスイッチとして使う。撮影される人もカメラを意識しやすくなる。
＜仕様＞ リモコン付デジタルカメラのリモコンを改造し、市販の福祉用スイッチでリモコンを操作できるようにした。	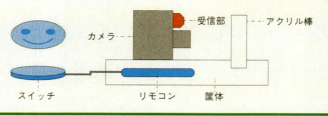	

（大川原 恒）

教材・教具名	どこでもクリップボード

1 対象となる子ども	テキストやプリントを保持して見ることが難しい子ども
2 教材を使用する活動	学習活動全般、パソコンの操作、屋外での活動
3 ねらい	自分のペースで資料を確認しながら、活動を行うことができる。省スペースでじゃまにならない。

教材活用の実際

教材の使い方		配慮点
①テキストやプリントをクリップボードに、どっちもクリップを机に固定する。下向きの角度に設定することもできる。		紙が垂れないように、紙の反対側をクリップや洗濯バサミなどで固定する。
②地図を使って校外の移動練習。車椅子の肘かけに挟み、方角に合わせて、ボードを回転することができる。		視界を遮らず、前方が見渡せる位置にボードを設置する。
③PCの書見台として使用。画面の近くに設置できるので、首の可動域や視点の移動が少なくてすむ。キーボード、マウス操作のじゃまにならず、省スペースなので設置できる。		子どもが見やすい位置、姿勢に注意して設置する。

<仕様>
　どっちもクリップ（株式会社 ヤザワコーポレーション製　電気材料店で1,000円程度で購入）、クリップボード（100円ショップで購入）
クリップボードに電気ドリルで穴を開け、ねじを通しどっちもクリップの穴に固定する。

（大川原 恒）

教材・教具名	**片手用はさみ（ベース付き）**

1 対象となる子ども	はさみを握って保持することができない子ども
2 教材を使用する活動	はさみを扱う活動　対象は紙（色紙、画用紙、折り紙）など
3 ねらい	片まひや筋緊張の強い子どもが、「切ること」に集中して工作を行える。

教材活用の実際

教材の使い方		配慮点
①上の刃を上げて紙を挟む。		刃物の取り扱いに注意する。
②上の刃を下げて紙を切る。		
③紙の方向を変える。①の手順の繰り返し。		

<仕様>
日本ディー・エル・エム　株式会社
片手用はさみ（ベース付き）（18,900 円）

（松田　泉）

教材・教具名	ふわふわ粘土

1 対象となる子ども	小学部2年生程度
2 教材を使用する活動	図画工作、造形遊び
3 ねらい	体全体を使って素材を感じる、素材の変化を楽しむ、手や指先を素材に合わせて上手に使う。

教材活用の実際

教材の使い方		配慮点
① 紙を引き出す。紙を使って遊ぶ。		座位がとれる場合や、教員の数によっては、車いすから降りて活動する方が安全な場合がある。
② 紙に絵の具・水・洗濯糊を入れてよく混ぜる。友達と、できた粘土を分けあう。		お盆のような、深さのないものの方が扱いやすい。寒い季節には、水でなくて40度前後のお湯でも良い。水の扱いに慣れていない場合、汚れ濡れ防止に合羽を着用させても良い。
③ ふわふわ粘土を使って造形する。		

＜仕様＞
図画工作教科書『1・2下 まほうのねんど さわりごこちがかわったよ！』
開隆堂 の活動を肢体不自由特別支援学校でも扱いやすくしたもの。
使用するもの　トイレットペーパー、水またはお湯、洗濯糊、絵の具、お盆

（松田 泉）

教材・教具名	重さ比べ教材

1 対象となる子ども	小学部児童
2 教材を使用する活動	自立活動、生活、算数、理科
3 ねらい	感覚学習による重さの軽重判断

教材活用の実際

教材の使い方		配慮点
①黒いフィルムケースの提示順序は、毎回ランダムに並べて同時に提示する。 ②左右の手で別々に実施する。実施する順番は交互にする。 教師「フィルムケースを開けないで、重さの順に正確に並べなさい。（ストップウォッチで実施時間を計測するので）並べ終えたら教えなさい」 ③配列終了後に、デジタル秤を利用して軽い順から重さを量り、正答しているか自己評価させる。 ④正答数の個数を計測 （正答率＝正答数÷全試行数） ⑤開始から終了までの時間をストップウォッチで計測する。 ⑥データをグラフ化すると向上している否かがわかる。	 黒いフィルムケースとデジタル秤  重いグループと軽いグループに分ける  それぞれのグループで重さの順に並べる。  グループをまとめ全体を重さの順に並べる。	黒いフィルムケースは同一形状で中が見えないため、視覚では違いの判別ができない。重さの感覚判断だけで区別する必要がある（視覚判断の排除）。 空のフィルムケースは7グラム前後なので、10グラムずつの差がつくように砂鉄などを入れる。（1円玉、10円玉でも良い。） 子どもの発達レベルに応じて黒いフィルムケースを増やすと良い。 　5個レベル 　　↓ 　7個レベル 　　↓ 　10個レベル

＜仕様＞
黒いフィルムケース10個　料理用の計測器＝デジタル秤（1グラム単位）

（石川　紀宏）

教材・教具名	鍵盤吹奏笛「アンデス25F」
1 対象となる子ども	リコーダーのホール（穴）を上手におさえられない子ども
2 教材を使用する活動	音楽［表現（器楽）リコーダー］
3 ねらい	リコーダー演奏時に使用し、演奏する楽曲の選択肢を広げる。

教材活用の実際

教材の使い方		配慮点
①児童生徒の演奏しやすい高さの台（机）を準備する。		机は高低が調節できるもので、車椅子のまま机に入れるように机の脚が邪魔しないものが良い（ベッド用テーブルなど）。子どもの腕の可動域に配慮し、最も指が動かしやすい位置に楽器を置く。
②この鍵盤楽器には鍵盤一つ一つに笛がついていて、笛の音が鳴る。		「アンデス25F」の音域は、f2～f4であるが、ソプラノリコーダーの音域は、c2～d4のため、c2～e2の音が出せないので、楽曲選択の際に注意が必要。
③鍵盤ハーモニカのように、パイプをくわえて息を入れ、鍵盤を弾いて笛の音を出す。		一人だけ違う楽器を使うことに対し、児童は「みんなと同じリコーダーで練習したい」という思いもあるので、リコーダーと「アンデス25F」の両方を使い、学習を進めることが必要。また、周囲への理解を求めることも大切である。

＜仕様＞
株式会社 鈴木楽器製作所　鍵盤吹奏笛「アンデス25F」（14,175円）

（若木 由香）

教材・教具名	**足踏み式自転車**

- 1 対象となる子ども：膝を深く曲げることができないため、通常の自転車をこぐことができない生徒
- 2 教材を使用する活動：日常生活、自立活動
- 3 ねらい：移動手段の確立と行動範囲の拡大。また、それに伴う方向感覚の向上や土地勘の広がり。

教材活用の実際

教材の使い方		配慮点
①市販の自転車に取り付けることができる。スイッチの切り替えにより、通常の回転動作と足踏み動作に切り替えることができる。		取り付けには少し専門的な知識が必要。
②左右の脚を交互に踏み込む、片方の脚だけで踏み込むこぎ方。		慣れるまでに時間がかかる。初心者には、補助をつけたり補助輪付きの自転車を使用する。
③両方の脚で同時に踏み込むこぎ方。		子どもの状態に適したこぎ方を決める。

<仕様>
Alenax 社の uni-set　台湾の本社から US$150 程度で購入
(http://www.alenax.com/)

市販の自転車に取り付けることができる。スイッチの切り替えにより、通常の回転動作と足踏み動作に切り替えることができる。

(大川原 恒)

教材・教具名	並列透明筆洗いバケツ

1 対象となる子ども	絵の具の入門期（車いす使用の児童生徒）
2 教材を使用する活動	絵の具を使う活動―描画、デザイン等
3 ねらい	筆洗いバケツの基本的な使用方法を覚える、横から見ても水の汚れ具合がわかる、水の変化がよく見えるので混色も楽しめる。

教材活用の実際

教材の使い方		配慮点
①バケツの使用方法を学習する。 向かって 右　　洗浄用① 中央　洗浄用② 左　　絵の具を溶かす水 とする。		使用者の利き腕や覚えやすさによって、左右を決定する。
②使用する。		順番や使い方で混乱するようなら、ペットボトルに順番や使い方を書いてもよい。
③筆洗いバケツの大体の使い方を覚えたら、標準的な筆洗器に変更していく。		

<仕様>
1　2リットルのペットボトルを適当な高さで切る（2つ）
2　500ミリリットルのペットボトルを適当な高さで切る（1つ）
3　ペットボトルの切り口をライターなどであぶり、バリをなくす。
4　1と2を横に並べてボンドで接着する。

（松田　泉）

教材・教具名	ハンディアイロン

1 対象となる子ども	一般的なアイロンを使うことが難しい子ども（アイロンが重くて持てない、取っ手を握ることができない、やけどの危険性が高いなど）
2 教材を使用する活動	被服実習（特に三つ折りなどの布はしの処理の仕上げに）
3 ねらい	アイロンを持ち上げることなく、押さえるだけで布はしに折り目をつけることができる。一人でも比較的安全に使用できる。

教材活用の実際

教材の使い方		配慮点
①電源プラグをコンセントに差し込み、スイッチボタンを「ON」にする。ランプが消えたら使用開始。		
②ハンディアイロンを置き、布を挟んで、手でおさえる。		ハンディアイロンの内側のプレス板は熱くなっているので、やけどに注意。
③折り目がついたら、ハンディアイロンまたは布を少し横にずらす。右の写真は、アイロン台に布をまち針で固定し、作業している様子。		

<仕様>
市販のハンディアイロン（家電量販店で 5,000 円程度）

（青山 妙子）

| 教材・教具名 | **IHクッキングヒーター** |

1 対象となる子ども	調理経験が少なく、ガスなどの炎を直接見ることに不安を感じるような子ども 設置型でなければ移動できるため、調理台の高さの調節が必要な子ども
2 教材を使用する活動	調理実習の加熱器具として使用する
3 ねらい	車椅子を使用している子どもが安心して、加熱調理をする器具として使用することができる。

教材活用の実際

教材の使い方		配慮点
①子どもにとって作業しやすい高さのテーブル等に器具を置く。		
②電源コードをつなげて電源を入れる。		
③調理に適した温度設定を行い加熱調理する。 ④調理終了後は必ず電源を切る。		鍋の上部はガスコンロのようには熱くならないことを確認させる。 また、調理中は器具そのものが熱くなることを知らせ、注意を喚起する。

＜仕様＞
市販のIHクッキンクヒータ

（大野 喜代美）

教材・教具名	音声ペン（スピークン）

1 対象となる子ども	上肢操作に難しさのある子ども
2 教材を使用する活動	学習活動全般
3 ねらい	上肢不自由のある児童生徒にとって、耳から情報を受け取ることのできる学習教材は、視覚的な教材からだけではとらえにくい情報を補い、学習の理解を高めることができる。操作やセッティングが簡単な音声ペンを用いることで、自分の力で学習を進めたり、活動の幅が広がったりと、児童生徒の達成感溢れる学習活動を行う。

教材活用の実際

教材の使い方		配慮点
①［探す］ 自分が聞きたいと思う音声や音のイラスト、写真を探す。		印刷物に音声を埋め込むソフト「画竜点声」（アポロジャパン）で作成されるドットコードを印刷する時は、OKIのカラープリンターとの相性が良い（プリンターの詳細設定が必要）。 使用している間に、不要なスイッチに触ってしまい、読み取りができなくなる場合がある。児童生徒にはスピークンの操作方法をあらかじめ説明しておく。  スピークンのスイッチ
②［触れる］ 紙に対して音声ペンを垂直に立てて当てる		
③［聴く］ 印刷物に埋め込まれている音声を音声ペンが認識し、音声が出る。例えば外国語活動の時間に副教材として活用している「Hello Book 1,Hello Book 2」は、シートに触れることで、聴きたい時にいつでもどこでもネイティブの英語を聴くことができる。		

＜仕様＞
スピークンはアポロジャパンの製品で、同社の「画竜点声」という音声ペン用のソフトウエアを用いて、音声ペンで再生できるコンテンツデーターを作成する。音源はスピークンのマイクロSDカードに保存され、音声出力のためにリンク付けされたドットコードに触れることで音声が再生される仕組みになっている。
本活動の一部は、科学研究費補助金 大妻女子大学生活文化研究所プロジェクト研究（代表：生田 茂）によるものです。

（金子 幸恵）

教材・教具名	ラケットを使った種目の導入段階で使用する教具
1 対象となる子ども	手首の回内・回外運動が難しく、ラケット面で対象（シャトルやボール）をうまくとらえられない子ども ボディイメージが確立されておらず、自分の体から離れたところに道具を操作することが難しい子ども
2 教材を使用する活動	体育（主にバドミントン）
3 ねらい	ラケットの面で対象をとらえる感覚を身につける。 自分の体から離れたものに対してのボディイメージを高める。

教材活用の実際

教材の使い方		配慮点
①面で打つ感覚を養うために、手の平で風船をとらえる練習をする。 ②シャフトを一番短くした状態で、体に近いところでとらえる練習をする。 ※子どもの身体的な実態によって、グリップを握る角度や位置などを調節する。 ③徐々にシャフトを長くしていき、体から離れたところでとらえる練習をする。（または、ペットボトルを小さくして、小さなポイントでとらえる練習をする。） ④慣れてきたら本教材からラケットに移行し、面でとらえる実践的な練習をする。	 ① ② ③ ④	本教具は、バドミントンの学習の導入段階で使用することを目的に制作した。本校ではバドミントンの学習の導入段階で"風船"を使用している。シャトルと比べ、滞空時間が長く、動くスピードが遅いため、子どもが目で追いやすい。また、風船が自分の所に来るまでの時間が長く、予備動作の時間が長くとれるといった等の利点がある。

<仕様>
バドミントンセット（100円ショップで購入）、理科実験用のゴム栓または戸当たりクッション（ホームセンターで100円程度）、ペットボトル、カラー布テープ

1　ゴム栓にドリル等で穴をあけ、ラケットのヘッドを切り落としたグリップを差し込む。
2　ペットボトルと1を抜けないように接着する。
3　風船をとらえる面を布テープやペンキ等で色づけし、視覚的に分かりやすくする。

（藤原　俊祐）

脳性まひ児の読み方の傾向とそれを踏まえたワークシート等の工夫

1 はじめに

　脳性まひ児には、「行をとばして読んでしまう」「語句を読みとばしてしまう」「文を読み取りにくい」ことがしばしば見られます。こうした子どもたちには、文字のフォントやサイズの変更、行間や字間の変更など、様々な手だてを図っています。その結果を踏まえ、「フォント」「フォントサイズ」に加え、「行間」に着目した文の読み取りの検査を行い、ワークシートなどの作成の工夫について検討しました。

2 検査の内容

　30秒当たりの読字数と文中の文字検索を、脳性まひの高校生3名と、障害や学習上の困難が特に見られない高校生2名に対して行いました。これは、日常生活で用いる漢字などの多くは小学校段階で学び、また、これらを生活場面でも活用する経験が十分にあると思われることから、高校生に着目しました。

（1）今回対象とした用紙サイズと文章の記載形式

① 用紙サイズ…一般に多く用いられるA4用紙
② タテ・ヨコ…多くの書籍や雑誌、新聞で用いるタテ書き
③ フォント……明朝体・ゴシック体・教科書体
④ 装丁の基準…表1の通り、フォントサイズと行間等を設定

■表1　検査項目

フォント	フォントサイズ（ポイント）	行間（mm）	字間（mm）	一行の字数	一頁の行数
明朝体 ゴシック体 教科書体	10	4	1	57	20
	10	6	1	57	13
	12	4	1	57	20
	12	6	1	57	13

※標準形式として、大学入試センター試験「国語」の明朝体10ポイント、行間4mm、1行当たりの字数57字、1頁当たり20行とします。これを基にフォント・フォントサイズ・行間を変更します。

（2）検査項目
① 文章を読み取る速度（表1の形式の文章5箇所を30秒間ずつ音読）
② 文中の文字検索の速度（各5箇所の音読部分から熟語を検索する）

3　検査結果と観察

　文章の読みやすさは、語句と内容に対するイメージや、話題に関する知識の有無などにより異なるため、検査による数値に検査時の観察を加味して検討しました。

■表2　検査による数値

	高校生				脳性まひ児					
	A		B		A		B		B	
	字数	検索	字数	検索	字数	検索	字数	検索	字数	検索
明 10,4	142.6	10.7	136.2	4.0	147.8	7.8	84.2	24.6	114.5	9.0
ゴ 10,4	154.6	1.6	147.4	3.7	140.4	8.4	81.8	17.4	109.4	5.0
教 10,4	171.4	4.8	156.2	12.5	156.2	18.3	109.4	23.0	140.2	8.6
明 12,4	181.6	2.0	161.4	11.1	144.2	12.8	77.4	19.8	109.6	13.8
ゴ 12,4	205.6	2.3	169.8	6.1	169.2	25.4	107.8	30.4	133.8	13.4
教 12,4	189.0	0.6	167.8	3.3	174.0	15.4	84.8	16.4	116.0	22.4
明 10,6	185.6	1.7	166.2	5.5	171.4	5.0	100.0	14.8	140.2	4.8
ゴ 10,6	157.8	2.4	146.8	4.5	153.8	6.0	83.0	10.2	109.8	8.0
教 10,6	152.6	7.2	146.4	4.7	147.8	14.2	83.2	14.8	98.6	11.6
明 12,6	194.2	1.6	174.6	3.9	182.0	9.5	80.6	22.4	133.2	5.8
ゴ 12,6	181.4	1.9	155.4	3.7	149.8	14.4	78.6	18.2	116.6	3.4
教 12,6	204.8	3.4	192.1	4.1	178.6	17.3	101.6	22.6	141.0	6.0
平均	176.8	3.4	160.0	5.6	159.6	12.9	89.4	19.6	121.9	9.3

　平均以上

■表3 読字数の最高値・最少値・平均値

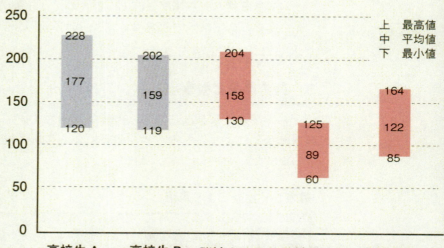

■表4 熟語検索の平均時間数と標準偏差

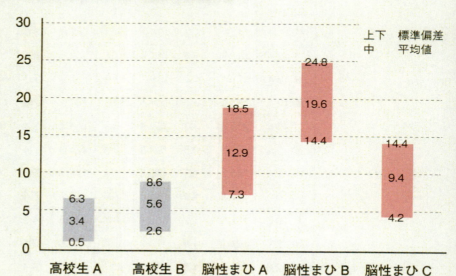

(1) 脳性まひ児における文章の読み取り方の傾向

　脳性まひ児には、文章を読むことや、文中の語句を見つけることなどに時間がかかり、その取り組みを行うことへの負担を感じる傾向が多く見られま

す。このことをおさえ、検査について考察しました。
　さて、読字数の最高値と最少値との幅（表3）は、5名とも大きな差はありません。しかし、文中の熟語検索の幅（表4）は、脳性まひ児3名は高校生に比べて大きく開きました。また、観察から、次の様子が見られました。

① 　高校生2名
　次に示される語句や話の展開を予測しながら読むことができるため、文末や熟語を正確に読まない傾向がありました。検索では、用紙全体を見て、速やかに見つける様子が多く見られました。ただし、用紙の下部にある言葉については、見つけにくく、一行目から順に確認することがありました。

② 　脳性まひ児A
　高校生と同様、次に示される語句や話の展開を予測しながら読むことができるため、文末や熟語を正確に読まない様子が見られました。ただし、行を読みとばすことが一度ありました。そのため、途中から指差しをしながら取り組みましたが、次の行を見失うことが複数回ありました。

③ 　脳性まひ児B、C
　音読して内容を予測しながら読むのではなく、丁寧に一字・一語を追いかけるといった印象を受けました。次の行を見失う場面も多くありました。また、よくわからないと感じた熟語には立ち止まることも見られました。

④ 　脳性まひ児3名に共通すること
　3名とも顔の前に用紙を寄せたり、前のめりの姿勢で読んでいました。そのため、熟語検索では、高校生とは逆に用紙下方の言葉を見つけることが比較的速いようでした。これは、読むための姿勢や視野、眼球の動きに関わると考えられます。また、1行目から順に探す様子が見られました。読む作業そのものに労を要するため、「この辺りにこの言葉がある」と見当をつけることが難しいと考えられます。このことは、3名の目の疲れや姿勢の崩れからの疲労が、高校生2名よりあることからも予測されます。
　そのほか、A4の用紙を扱いにくい様子があり、これ以上の用紙拡大は、音読のしにくさとともに、文字検索も困難になることが予想されました。

　脳性まひ児の読みの遅さについては、読むこと自体の遅さとともに、次の行へ視線を移すことや、必要な語句を見つけることの遅さを考慮する必要があります。そのため、身体に負荷が伴うということを踏まえる必要があるといえます。

（2）脳性まひ児にはフォントとそのサイズ、行間の複数による工夫が必要

　5名が共通して述べた感想は
①行間を空ける方が読みやすい
②ゴシック体は刺激が多く読みにくい
③教科書体の10ポイントは小さく読みにくい印象がある
の3点です。また、読みやすいフォントは、高校生は教科書体、脳性まひ児は明朝体を挙げました。

①　高校性2名

　表2の通り、フォントサイズの拡大とサイズ拡大・行間拡大の双方において、読字数・検索時間の多くが平均を上回っています。この2名からは、何らかの工夫をすることで読みやすくなり、フォントの違いだけの差異は見られない印象です。また、ゴシック体は、文字拡大が図られると、読みにくいという発言に反して平均を上回る項目が複数あります。

②　脳性まひ児3名

　高校性は何らかの変更を施すことにより、読みやすさが増す傾向があるのに対し、脳性まひ児の場合はそれぞれについて様子が異なります。特に、3つのフォントのうち、どれが読みやすいかに明確な違いは見受けられません。ただし、ゴシック体は読みやすさよりも検索のしやすさはあるようです。また、教科書体は検索にはむしろ時間を要する傾向があります。

③　5名の共通点

　明朝体10ポイントの行間6mmでは、5名全員の読字数と検索が平均以上ですが、全員が読みやすい内容と述べた文章でした。ただし、検索のしやすさの視点では、明朝体の場合、行間を空けるだけで読みやすさが得られる可能性はあります。また、教科書体12ポイント6mmでは、5名全員が平均以上の字数を読んでいますが、脳性まひ児の場合は検索に時間を要するため、必ずしも読みやすいとは言い切れません。前述の通り、高校性2名が何らかの変更で読みやすさが増す傾向があるのに対し、脳性まひ児は、個によって読みやすさが異なります。

　フォントサイズを拡大して行間を空けることは、脳性まひ児に限らず、読みやすくする可能性があると考えられます。また、文章に読みにくさがある子どもに必ずしもゴシック体が有効とは言い切れないようです。

4　ワークシート作成に当たって（タテ書きの場合）

今回の検査からは、次のようなことが考えられます。

① **フォントを変えることだけでは読みやすくならない可能性がある**

特に、ゴシック体は読みやすさに必ずしも有効ではないが、文字を大きくして注目させることには有効と考えられます。

② **フォントの特徴を踏まえた提示の仕方を考える**

「読みにくさがあるからこのフォント」ということではなく、一般的に用いられるように、明朝体は文章を読むこと、ゴシック体は注目させたい語句に、また、教科書体は漢字の輪郭を明確にとらえるなど、各フォントの特徴を踏まえて用いることが必要と考えられます。

③ **子どもが見やすいフォント、フォントサイズ、行間の全てから考える**

読みにくさがある脳性まひ児には、一人一人に扱いやすい形式が異なる様子が見られます。フォントとそのサイズ、行間のいずれも工夫しながらワークシートを作成する必要があります。

④ **用紙拡大はかえって扱いにくくする場合がある**

手指の動きやすい範囲や姿勢保持、視野、眼球運動などによって、熟語検索が行いにくい様子が見られます。子どもの扱いやすい用紙サイズをおさえ、その用紙を用いてフォントとそのサイズや行間、マスや枠の大きさを工夫する必要があります。

今回は、タテ書きに着目しましたが、今後は、より多くの事例から検討するとともに、教科書をはじめ、教科指導の際に多く用いるヨコ書きについても検討を行いたいと思います。

（加藤　隆芳）

●用語解説●

語句	意味
斜視（しゃし）	対象を見る際、片方の目がそれを正しくとらえていても、他方の目が内側や外側、上方や下方に向いてしまい、両眼で直視することが難しい状態をいいます。
図―地（ず―ち）	自分が見たい物の中で、形・意味を持って浮かび上がって見える部分を「図」といいます。それとは対照的に不必要な視覚的な情報で意味を持たず、背景的に知覚される部分を「地」といいます。
手指の巧緻性（しゅしのこうちせい）	手指を動かして細かな作業を遂行する力のことをいいます。
形の恒常性（かたちのこうじょうせい）	物を見る時の角度や距離、対象物が実物・平面図・写真等、ある物を見る時の条件が変わっても、一定の形としてとらえることができることです。
チャンク	アメリカの心理学者ジョージ・ミラー氏が提唱した概念です。人間が情報を知覚する時の、一つのまとまった意味単位のことをいいます。人間が一度に覚えられるチャンクは7±2とされています。
継次処理（けいじしょり）	情報を連続的かつ逐次的に分析し処理する情報処理様式の一つです。順序性を重視し、時間的・聴覚的な手がかりで分析的に処理します。
視覚情報処理（しかくじょうほうしょり）	視覚から取り入れた情報を脳の中で認知・記憶・イメージし情報処理する能力です（視覚認知と同じ）。
不随意運動（ふずいいうんどう）	ある動き・動作をしようとした時に、自分の意志に反して身体部位の一部が動いてしまうことをいいます。
過緊張（かきんちょう）	人間が体を動かしたり支えたりする時には、適度な力を入れて維持することが必要ですが、自分の意志に関係なく必要以上に力が入ってしまい、動きがぎこちなくなったり、体に負担がかかることをいいます。
視機能（しきのう）	眼で見たものをより正確に、より効率的に知覚するための機能のことです。視力の他に色覚、光覚、視野、眼球運動、調節、両眼視などの機能が挙げられます。
視覚認知（しかくにんち）	視覚から取り入れた情報を脳の中で認知・記憶・イメージし情報処理する能力です（視覚情報処理と同じ）。
原始反射（げんしはんしゃ）	吸綴反射、モロー反射、バビンスキー反射等、新生児が生まれながら身につけているものであり、刺激に対して自分の意志とは関係なく起こす動きです。大脳皮質の発達により抑制機能が働き消失していきます。
肢体不自由（したいふじゆう）	上肢・下肢・体幹に何らかの永続的な運動機能障害があり、日常生活に不自由さをきたしている者を指します。この言葉は、昭和初期に整形外科医であった高木憲次氏により案出されたとされています。

語句	意味
脳性まひ（のうせい）	受胎から新生児（生後4週間以内）までの発達途上の脳に、何らかの原因により非進行性の病変が生じたために起きる永続的な運動障害です。進行性の疾患や一過性の運動障害は除きます。
上肢（じょうし）	手指の先から肩関節までの部分を指します。
下肢（かし）	足指の先から股関節までの部分を指します。
体幹（たいかん）	脊柱を中軸とした上半身及び頸部を含めた支柱部分を指します。ただし、内臓は除きます。
言語障害（げんごしょうがい）	何らかの要因により、言語の適切な理解・表出部分に困難を示す障害です。タイプとしては、①言語発達遅滞　②構音障害　③口蓋裂に伴う構音障害　④吃音　⑤声の障害の5タイプに分けられます。
眼振（がんしん）	眼球が不随意に律動的な運動を起こすことです。生理的なものと病的なものがあります。
同時処理（どうじしょり）	情報を概観可能な全体に統合し、全体から関係性を抽出する情報処理能力の一つです。いくつかの情報を視覚的な手がかりで空間的に統合し、全体的に処理します。
自立活動（じりつかつどう）	特別支援学校、特別支援学級、通級指導教室では、自立活動という領域が教育課程上に位置づけられています。自立活動の指導は、個々の児童生徒が障害による学習上・生活上の困難を主体的に改善・克服しようとする取り組みを促す教育活動であり、個々の障害の状態や発達段階等に即して行われます。
個別の指導計画（こべつのしどうけいかく）	障害の状態や発達段階は個によって違います。そのため個の実態を的確に把握し、個別に指導目標や指導内容等を定めることが求められます。個別の指導計画は、自立活動だけでなく全ての教科について作成が義務付けられています。
量感（りょうかん）	感じ取られる物の重さや厚みや大きさ、拡張感のことを指します。
ボディイメージ	自分の心の中に描く自分の身体像で、体の前後、左右、上下、遠近、大きさ、ラテラリティ（利き手）等についての知覚です。平衡感覚と運動感覚に基づいて発達し、位置や空間の知覚と深く関係していきます。
ビーンバック	12cm×12cmの布または適当なものの袋に豆等を入れ、肢体不自由児・者の投擲競技に用いられるものです。
特別支援教育支援員（とくべつしえんきょういくしえんいん）	小・中学校に在籍する障害のある子どもたちを適切に支援するために、食事、排泄、教室移動の補助といった学校における日常生活上の介助や、安全確保などの学習活動上のサポートを行う者を指します。

Column 6
「学校で他の子どもたちとうまく遊べない」ということについて

　支援ケースの主訴には、人間関係の難しさが含まれていることが多いです。保護者や先生からお話を伺うと「話を聞いていないと感じることがある」「別の話題で急に割り込んでくることがある」「集団での活動が苦手で何をやったら良いのかわからなくなっている」など発達障害のある子どもたちと共通する状態像です。
　確かに肢体不自由のある子どもたちには、話の一部だけをとらえて理解したり行動したりするとか、情報量が多いと混乱しやすいなどの特徴があります。実際に通常学級の授業参観に伺って、朝から放課後までケースの子どもを観察してみると、生活に追われていつも焦っている、余裕が全くない様子が見えます。準備して、後片づけをして、教室を移動するとすでに授業中——学校生活で常に繰り返されます。これにトイレ、着替え、給食が加わります。この一つ一つの場面でわずかな遅れがあり、この遅れが解消されることがなく積み上がっていきます。準備が終わって顔を上げた時には、この時間の活動の指示が終わっているということもあります。一日の学校生活が終わるとへとへとになっていることもあります。これでは先生や他の子どもたちとじっくり関わったり、話を聞いたりするような余裕はありません。時間に追われて目いっぱいになっていることを、周りの大人たちが感じていないだけでなく、本人も自覚していないことが多いです。
　私たちが最初にする支援は、環境を整理して話を聞いたり、関わったりする余裕を生み出すことです。机を大きくして道具箱を置き、道具の出し入れを少なくする、上履きと外履きの靴の履き替えをしないということで、他の子どもたちとの関係がスムーズになった事例もあります。自分のできることはできる限り自分で行うという学校生活から、介助を積極的に活用するあり方に変えたことで、友達関係を含め学校生活の全ての面で意欲的になったと評価された事例もあります。手立てや配慮・工夫は学校生活に余裕を持たせるものである必要があります。

（城戸　宏則）

終わりに

　この度の東日本大地震で亡くなられた多くの方々、また、甚大な被害を被りながら被災地で懸命に頑張っておられる方々に対しまして、深く哀悼の意を表すとともに、心よりお見舞い申し上げます。

　筑波大学附属桐が丘特別支援学校は、国立大学の附属学校が数多く存在する中で、肢体不自由教育を専門領域とする全国で唯一の学校です。創立以来、幾多の先輩諸氏と同様、私たち桐が丘の教員は常にこのことを念頭に置き、肢体不自由教育の研究、実践に努力を重ねて参りました。平成19年4月からは特殊教育から特別支援教育へと大きな制度転換があり、特殊教育が障害種別で教育の場を選ばないものになりました。このような流れの中で、桐が丘では肢体不自由教育はもとより、特別支援教育全般に関わる理論的・実践的な教育、研究活動において、先導的役割を果たすことに一層の使命感を持って、日々の活動を進めて来ております。

　桐が丘特別支援学校では、平成15年度、16年度に文部科学省の研究協力校として、"肢体不自由教育における小中高一貫の教育計画と評価"をテーマに、全校で評価研究に取り組みました。このことをきっかけに当校では、全校研究として、子どもの障害特性を踏まえた指導、特に教科指導における様々な配慮、手だて、工夫に焦点を当ててきました。平成20年2月には、この研究成果をまとめたものの一つとして『肢体不自由のある子どもの教科指導Q＆A～「見えにくさ・とらえにくさ」を踏まえた確かな実践』を刊行しました。本書は、これをさらに一歩進めて、各教科の具体的な単元で見られる難しさ、考えられる背景要因、指導の工夫等を明示し、さらにわかりやすいものとなっています。現在、私たち特別支援教育に携わる者は、個別の指導計画を基に、障害のある子ども一人一人のニーズを把握した、よりきめ細かな教育指導が求められています。様々な障害のある子どもたちへの教科指導の場面で、ぜひ、本書を一助とさせていただければ幸甚に存じます。

　当校では、それぞれの先生が、自分の得意とするフィールドで興味・関心のある課題や理論に、個人で、あるいはグループで、年平均30件程の研究に取り組んでいますが、自立活動に関するものも含めてこれらの研究実践も着実な成果をあげています。これらの他に、全教員で進めてきた研究の結実したものの一つが本書です。日々の児童生徒指導に追われる限られた時間の中で、実に真摯に、また子どもたちへの限りない情熱を持って取り組まれた当校の先生方に、この場を借りて心から労をねぎらいたいと思います。また、最後になりましたが、本書を刊行するにあたり、研究実践の様々な観点からご助言をいただいた、文部科学省、筑波大学、国立特別支援教育総合研究所、関係諸機関の皆様には厚く御礼を申し上げます。

2011（平成23）年8月1日
筑波大学附属桐が丘特別支援学校　副校長　吉沢　祥子

執筆協力者一覧

安藤 隆男	齋藤 豊	原 義人
川間 健之介	坂本 茂	原 怜子
吉沢 祥子	佐々木 佳菜子	藤川 華子
青山 妙子	佐々木 高一	藤原 俊祐
青山 正人	佐藤 孝二	蛭田 史子
池田 仁	志垣 司	別所 寿美
石川 紀宏	清水 聡	松浦 孝明
石毛 安子	白石 利夫	松尾 志保
石田 周子	新 洋子	松田 泉
井上 和美	杉林 寛仁	松本 美穂子
大石 京子	関塚 奈保美	三浦 義也
大川原 恒	田上 由希	宮管 奏衣
大塚 恵	谷川 裕子	向山 勝郎
大野 喜代美	谷城 舞	村上 友良
岡部 盛篤	玉木 理恵	村主 光子
岡本 義治	田丸 秋穂	山浦 和久
笠原 宏介	田村 裕子	山本 喜洋子
加藤 隆芳	當山 牧子	横溝 利江子
加藤 裕美子	戸谷 誠	類瀬 健二
金子 幸恵	中泉 康	若木 由香
河野 文子	永江 智尚	
北川 貴章	永杉 理恵	
北嶋 淳	中村 敬子	
城戸 宏則	中村 万里	
木村 理恵	成田 美恵子	
黒鳥 由里子	西垣 昌欣	
越田 益人	花岡 勇太	
古山 貴仁	原 優里乃	

筑波大学附属桐が丘特別支援学校

〒173-0037　東京都板橋区小茂根2-1-12
TEL 03-3958-0181　FAX 03-3958-3901
Mail kiri@kiri-s.tsukuba.ac.jp
URL http://www.kiri-s.tsukuba.ac.jp/xps/

「わかる」授業のための手だて
子どもに「できた！」を実感させる指導の実際
＜オンデマンド版＞

平成28年9月27日　　　第1刷発行
令和4年9月5日　　　　第3刷発行

著　　　筑波大学附属桐が丘特別支援学校
発行者　加藤　勝博
発行所　株式会社　ジアース教育新社
　　　　〒101-0054　東京都千代田区神田錦町1-23　宗保第2ビル
　　　　TEL 03-5282-7183　FAX 03-5282-7892
　　　　Mail info@kyoikushinsha.co.jp
　　　　URL http://www.kyoikushinsha.co.jp/

ISBN978-4-86371-382-6　　JASRAC　出 1109549-101

定価はカバーに表示してあります。

乱丁・落丁本は送料小社負担でお取り換えいたします。

本書の無断複写(コピー)は著作権法上での例外を除き禁じられています。

表紙/デザイン　宇都宮政一(peek a boo)